# Vom Scheitel bis zur Sohle

# Vom Scheitel bis zur Sohle

## Sprichwörter und Redensarten

Axel Stellmann

AGENTUR DES RAUHEN HAUSES HAMBURG

Titelbild und Illustrationen von
Britta Meins, Hamburg

Die Bibelzitate sind entnommen aus:
Lutherbibel, revidierter Text 1984,
mit freundlicher Genehmigung der
Deutschen Bibelgesellschaft Stuttgart


Gesetzt aus der Centennial
bei Partner Satz GmbH, Hamburg
Lithografiert bei connected 2000 GmbH, Hamburg
Druck und Bindung bei Clausen & Bosse, Leck

Der Umwelt zuliebe gedruckt auf chlorfrei
gebleichtem Werkdruckpapier
ISBN 3 7600 0812-7 • Best.-Nr. 1 1405-4

# Inhalt

DIE BIBEL
Lebenshilfe
Ps
ERFOLGREICH SEIN
CHOLOGIE
100 TIPS
RATGEBER

# Einleitung

Die Idee zu diesen Texten kam mir beim Aufräumen. Ich war einmal mehr in meinem Leben umgezogen und machte mich daran, mein neues Arbeitszimmer einzurichten. Ich sortierte Akten- und Bücherkisten, mistete vieles aus, wie man so sagt. Dabei fiel mir ein kleines Brevier in die Hände, das ich vor Jahren einmal antiquarisch erstanden hatte. Der Einband des Buches war so verschlissen, daß ich seinen Titel nicht mehr lesen konnte; auch vom Inhalt fehlten einige Blätter. Es handelte sich um geflügelte Worte, die ihren Ursprung im mittelalterlichen Rechtswesen haben. Worte und Redewendungen, die bis heute Bestandteil unseres Sprachschatzes sind, von deren ursprünglicher Bedeutung wir aber nur noch eine vage Vorstellung haben,

wenn sie nicht sogar völlig vergessen ist. So sagen wir etwa: „Er ist ein Schlitzohr“, oder: „Der ist durchs Ohr gebrannt“, wenn wir es mit einem besonders durchtriebenen, hart an der Grenze der Legalität handelnden Menschen zu tun haben. Ursprünglich aber gab es diese Schlitzohren wirklich. Wer durchs Ohr gebrannt war, wessen Ohren geschlitzt oder sogar völlig abgeschnitten waren, der hatte sich eines Vergehens, des Diebstahls, schuldig gemacht und war in manchen Regionen des Landes zur Strafe dafür mit diesem Mal versehen worden, damit andere Menschen vor seinen Machenschaften geschützt waren. Ja, man kann sagen, daß man ihn mit einem Kainsmal versehen hatte, das aller Welt zeigte, welcher Art dieser Zeitgenosse war.
Als ich dieses Brevier las und an dieser Stelle, beim Schlitzohr, an das Kainsmal

denken mußte, war die Idee zu diesem Büchlein geboren. Nun achtete ich darauf, was andere Menschen sprachen, welche Redewendungen sie gebrauchten, und ich achtete auch darauf, was ich selbst so sagte.
Ich hatte schnell eine ganze Menge verschiedener Redewendungen beisammen, von denen ich vermutete, daß sie ihren Ursprung in der Bibel haben könnten. Einige habe ich hier für Sie zusammengetragen und mir meine Gedanken dazu gemacht. Dabei habe ich mich nicht davon leiten lassen, sprachwissenschaftlich nachzuverfolgen, wie diese Worte entstanden sind, ob sie in eben diesem Wortlaut in der ursprünglichen altgriechischen Fassung der Bibel stehen oder ob Veränderungen durch die Übersetzungen vorgenommen worden sind. Das sollen Berufenere tun. Ich habe mich einfach an der

Bibelübersetzung, die wir heute benutzen, orientiert.
Ich habe versucht, einen Teil meiner Funde thematisch zusammenzufassen. Manche Kapitel sind dabei umfangreicher geworden als andere. Das liegt vielleicht auch an meiner persönlichen Sichtweise. Was in keine Schublade paßte, habe ich im letzten Kapitel „nebenbei bemerkt“. Ferner mögen Sie mir verzeihen, wenn ich hier und da etwas spekulativ vorgehe; aber wie gesagt, dieses Buch will keinerlei wissenschaftlichen Ansprüchen genügen, sondern allenfalls ein wenig nachdenklich machen, Ihrer Unterhaltung dienen und vielleicht eine Anregung für Sie sein, einmal genauer hinzuhören, wenn einem Mitmenschen etwas über den Kopf wächst, wenn er nicht mehr weiß, was rechts und was links ist oder Ihnen auf etwas Brief und Siegel gibt.

# RECHT UND GERECHTIGKEIT

Die Bibel ist für unsere Rechtsgeschichte eines der großen Bücher schlechthin. Das ist ein Aspekt, den wir allzuschnell übersehen, wenn wir von der Bibel als der Heiligen Schrift sprechen. Große Teile der Bibel beschäftigen sich im wesentlichen mit der Frage, wie der Umgang zwischen den Menschen zu gestalten ist, wie Recht und Gesetz unter den Menschen zu schaffen und durchzusetzen sind, wie sich das Verhältnis von Schuld und Sühne gestaltet.

Man kann sagen, daß die Entwicklung von der archaischen zur zivilisierten Gesellschaft stets mit der Entwicklung vom Faustrecht zum gesetzten Recht, mit der Etablierung eines Rechtssystem einhergeht. Recht entsteht im Prinzip schon dann, wenn für eine Tat, eine Regelverletzung Sühne verlangt wird. So gesehen beginnt die Rechtsgeschichte mit der Vertreibung Adams und Evas aus dem Paradies. Der Sündenfall ist der erste Rechtsbruch in der Geschichte, auch der erste Justizfall. Bis zur heutigen Zeit sind die Geschichte des Christentums und die Geschichte unseres Rechts untrennbar miteinander verbunden, was sich schon an der bleibenden Gültigkeit der Zehn Gebote ablesen läßt.

Wichtig aber scheint mir auch, daß man unser Gesetz bis heute als eine direkte und indirekte Ableitung der Gesetze Gottes verstehen kann. Dem alttestamentarischen Selbstverständnis nach sind die ursprünglichen Gesetze nicht Ideen von Menschen, sondern eine Verkündung Gottes; Moses hat sich die Zehn Gebote nicht ausgedacht, sondern sie aus Gottes Hand empfangen. Alle weiteren mosaischen Gesetze und ihre Auslegung durch Moses erhalten ihre juristische Kraft direkt von Gott. Dieser Gedanke hat sich in der Justiz bis weit in die Neuzeit gehalten, was sich schon daran zeigt, daß Könige und Kaiser – als gesetzgebende Kräfte – ihr Amt immer noch als Gnade Gottes begreifen.

## Ohne Ansehen der Person

Wir kennen diese Wendung aus unserer Rechtsprechung; anders ausgedrückt heißt es, daß vor Gericht alle Menschen gleich sind, daß also keine Unterschiede im Hinblick auf die gesellschaftliche Stellung oder das Vermögen eines Menschen gemacht werden. In eben diesem Zusammenhang finden wir das Wort auch in der Bibel, im ersten Petrusbrief 1,17–19:
*„Und da ihr den als Vater anruft, der ohne Ansehen der Person einen jeden richtet nach seinem Werk, so führt euer Leben, solange ihr hier in der Fremde weilt, in Gottesfurcht; denn ihr wißt, daß ihr nicht mit vergänglichem Silber oder Gold erlöst seid von eurem nichtigen Wandel nach der Väter Weise, sondern mit dem teuren Blut Christi als eines unschuldigen und unbefleckten Lammes."*

Es geht um die Einrichtung des persönlichen Lebens.
Vor dem höchsten Gericht, dem wir uns alle eines Tages stellen müssen, wird nicht zählen, was wir auf dem Konto haben oder sonst an irdischen Reichtümern unser Eigen nennen. Einzig erheblich wird sein, wie es um unser Inneres bestellt ist, ob wir akzeptiert haben, daß Jesus Christus für unsere Fehler, unsere Schuld den Kreuzestod gestorben ist; ob wir die Verpflichtung, die uns daraus erwachsen ist, angenommen, d.h. unser Leben nach christlichen Grundsätzen eingerichtet haben. Wie jeder irdische Richter versuchen muß, die Motive eines Menschen für eine begangene Straftat herauszufinden und zu würdigen, so werden wir auch vor Gott unsere Motive darlegen müssen, wenn es darum geht, Rechenschaft über unser Leben abzulegen.

## Der Stein des Anstoßes

Etwas stört uns, ist nicht so, wie wir es uns wünschen, wir ärgern uns, nehmen Anstoß daran. In einem anderen Sinn finden wir dieses Wort in der Bibel.
*„Er wird ein Fallstrick sein und ein Stein des Anstoßes und ein Fels des Ärgernisses für die beiden Häuser Israel, ein Fallstrick und eine Schlinge für die Bürger Jerusalems, daß viele von ihnen sich daran stoßen, fallen und zerschmettern, verstrickt und gefangen werden."*
Jesaja 8,14–15 verwendet das Bild vom Stein des Anstoßes im Sinne eines Stolpersteins.
Doch so unterschiedlich diese beiden Bedeutungen auf den ersten Blick auch sind, so können sie doch manchmal zusammenfallen, und aus einem Stein des Anstoßes kann für uns schnell ein Stol-

perstein werden, etwa wenn wegen einer Kleinigkeit Freundschaften in die Brüche gehen, Streitigkeiten eskalieren, aus Sympathie Haß wird.

Steine des Anstoßes – da sollten wir ehrlich sein – sind oft doch nur Kleinigkeiten, die eigentlich nicht der Rede wert sind. Fragen des Geschmacks etwa, des Lebensstils.

Aber es gibt auch Zeitgenossen, die scheinen es zu ihrem Lebensinhalt zu machen, nach größeren und kleineren Anstößigkeiten zu suchen.

Es sind die Nörgler, Pedanten und Prinzipienreiter, die wirklich an allem und jedem etwas auszusetzen haben. Ob es nun das Punkerpärchen mit den gefärbten Haaren aus dem Nebenhaus ist oder der Nachbar, der bei der Treppenhausreinigung regelmäßig vergißt, die Fensterbank abzuwischen, oder der Bekannte, der es vorzieht, sein

Schmalzbrot mit Zucker anstelle von Salz zu bestreuen. Manche Menschen bringt so etwas auf die Palme, die Bagatelle wird zum Lebensinhalt gemacht. Anstatt mit offenen Augen durch die Welt zu gehen, sich über ihre Sonderlichkeiten und Skurrilitäten einfach nur zu freuen und zu staunen, stolpern sie von einem Stein des Anstoßes zum nächsten, bis sie auf der Nase liegen. Doch nie, niemals käme ihnen die Idee, daß sie über sich selbst gestolpert sein könnten.
Und doch: Diese Menschen sind noch relativ harmlos. Es gibt die oben beschriebenen Zeitgenossen leider auch noch in einer verschärften Ausgabe. Man könnte sie wohlwollend als prozeßfreudig bezeichnen. Dieser Menschentyp hat meist eine, wenn nicht gar zwei Rechtsschutzversicherungen, um gewappnet zu sein, wenn es darum

geht, einen Stein des Anstoßes juristisch aus dem Weg zu räumen. Und dieser Typ vermehrt sich anscheinend rasch. Jedenfalls klagen unsere Gerichte lautstark darüber, daß sie sich zunehmend mit Fällen auseinanderzusetzen haben, die mit ein wenig gutem Willen auch ohne die Justiz zu regeln wären. Da geht es um die Höhe einer Gartenhecke, um den Farbanstrich eines Hauses oder den Lärm von Kindern im Hinterhof.

Da werden dann „ellenlange Briefe" (Sacharja 5,2) und Schriftsätze verfaßt, Beschwerden und Klagen geführt, Rechtsanwälte ernährt und Nerven geraubt, Nachbarschaftsterror ausgeübt, bis man sich dann tatsächlich vor dem Richter wiedertrifft. Diesem allerdings wäre dann zu wünschen, daß er sich – statt zu urteilen – heftig an die Stirn tippen dürfte.

## Der Splitter im Auge des anderen

Seien wir ehrlich: Es ist sehr leicht, über andere Menschen zu urteilen, sie zu verurteilen. Der Mensch, der an allem möglichen Anstoß nimmt, ist ein Meister darin, nicht zuletzt weil er, was seine eigene Person betrifft, eine Bretterwand vor dem Kopfe trägt.
In der Bergpredigt hat Jesus das schlüssig formuliert. Bei Matthäus 7,3 lesen wir:
*„Was siehst du aber den Splitter in deines Bruders Auge und nimmst nicht wahr den Balken in deinem Auge?“*
Jesus gibt hier eine Beobachtung wieder, die man am ehesten mit dem Wort der Selbstgerechtigkeit beschreiben könnte. Es ist ja immer sehr leicht, die Finger in die Wunden anderer zu legen. Bei uns selbst sind wir da schon vorsichtiger. Ich frage mich häufig, wenn

ich die Menschen so betrachte, was sie eigentlich dazu verleitet, vorschnell über andere zu urteilen, gar um kleinste und läßliche Sünden ein Riesengeschrei zu machen.
Ich denke, es geht dabei oft gar nicht darum, irgendein Unrecht anzuprangern, sondern vielmehr, den anderen zu erniedrigen. Und auch das ist nur die halbe Wahrheit. Denn wenn ich einen anderen Menschen anklage, so liegt darin gleichzeitig auch meist eine Selbsterhöhung meiner Person. Seht hin, das hat er gemacht, bedeutet gleichzeitig: Schaut auf mich, ich bin nicht so.
Es geht um die Verbesserung des eigenen Bildes auf Kosten von Menschen, die einen Fehler gemacht haben. Die Fehler des Anklägers fallen da ganz nebenbei unter den Tisch. Mit dem Finger auf andere zu zeigen, kann ein will-

kommenes Ablenkungsmanöver von den eigenen Sünden sein.
Da ertappen wir beispielsweise jemanden bei einer Lüge. Für den Lügner selbst ist das peinlich, ja, mancher möchte vor Scham im Boden versinken. Für den Entdecker hingegen ist dies oft ein willkommener Grund, schweres Geschütz aufzufahren. Da hagelt es dann Sprichwörter wie: „Wer einmal lügt, dem glaubt man nicht…", er wird ein Lügenmaul genannt, das achte Gebot wird bemüht, natürlich mit erhobenem Zeigefinger. Und die Entdecker der Lüge wähnen selbstverständlich alle Moral dieser Welt auf ihrer Seite. Nun ja.
Ich für meinen Teil halte mir da lieber vor Augen, was kluge Köpfe unlängst herausgefunden haben: Rein statistisch betrachtet sagt ein erwachsener Mensch um die zweihundert Mal am

Tag (!!!) die Unwahrheit. Als ich diese Zahl das erste Mal las, da runzelte ich noch skeptisch die Stirn. Aber ich beschloß, mich selbst zu beobachten. Und

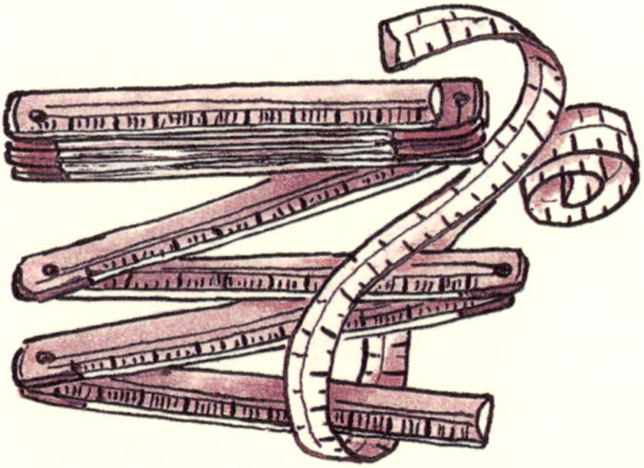

siehe da: Auf runde fünfzig kleinere oder größere Unwahrheiten während eines Tages kam ich ohne Mühe. Nun waren dies alles keine kapitalen Lügen, aber es waren Lügen. Mit unserer Moral hat es so seine eigene Bewandtnis. Wir Menschen neigen dazu, an uns selbst andere Maßstäbe anzulegen als an unsere Mitmenschen. Und wenn wir

dann doch einmal mit unseren eigenen Sünden konfrontiert werden, so sind wir ziemlich schnell mit Sätzen bei der Hand wie: „Aber das ist doch etwas ganz anderes“. Oder: „Das kann man doch gar nicht vergleichen.“
Ich denke, wir sollten es doch vergleichen. Wir wären dann nämlich um einiges vorsichtiger, wenn es darum geht, über andere Menschen zu urteilen, denn jeder von uns hat so seine „Leichen im Keller“. Und wir tun gut daran, vor der eigenen Türe zu kehren und uns an die eigene Nase zu fassen, bevor wir andere anklagen. Einen Vorteil brächte das auf alle Fälle. Wir schauten ein wenig gelassener in die Welt, wenn wir uns selbst als Menschen mit all jenen Fehlern sähen, die wir den anderen so schnell ankreiden. Was hat Jesus gesagt? „Wer von euch ohne Schuld ist, der werfe den ersten Stein.“

## Auge um Auge, Zahn um Zahn

*„Entsteht ein dauernder Schaden, so sollst du geben Leben um Leben, Auge um Auge, Zahn um Zahn, Hand um Hand, Fuß um Fuß, Brandmal um Brandmal, Beule um Beule, Wunde um Wunde.“* (2. Mose 21,23–25)

Diese Wendungen scheinen völlig unzeitgemäß, ja sie erinnern eher an Vergeltung und Rache als an Gerechtigkeit. Für mich klingen diese Worte bitter, wahrscheinlich so bitter wie das Herz eines Menschen ist, der auf diese Grundsätze pocht.
Aber ich will auch nicht verschweigen, daß ich diese Gefühle kenne. Wenn mir jemand sehr weh getan hat, so ist mein erster Gedanke oft nicht, ihm zu vergeben, sondern es ihm heimzuzahlen.
Rache ist süß, heißt es. Aber die Rache

entwickelt oft eine eigene Dynamik, die dazu neigt, sich sehr schnell unserer Kontrolle zu entziehen, so daß wir in einen Strudel aus nicht enden wollenden Rachegelüsten und Vergeltungsmaßnahmen geraten.
Wir kennen das – keineswegs nur als Karikatur – aus südeuropäischen Ländern, in denen Familien über Generationen miteinander verfeindet sind, auch wenn der Grund ihrer Feindschaft längst hinfällig geworden ist. Da wird weiter Leid zugefügt, Glück zerstört um eines diffusen Begriffes wie der Familienehre willen, wo es doch ein geringes wäre, über den eigenen Schatten zu springen, um Frieden zu schließen. So hätten Romeo und Julia eine Chance gehabt und wir auch.
Jesus Christus greift Moses' Worte in der Bergpredigt auf:
*„Ihr habt gehört, daß gesagt ist: ‚Auge*

*um Auge, Zahn um Zahn'. Ich aber sage euch, daß ihr nicht widerstreben sollt dem Übel, sondern: wenn dich jemand auf deine rechte Backe schlägt, dem biete die andere auch dar."* (Matthäus 5,38–39)

Jesus vertritt hier eine völlig entgegengesetzte Position. Er predigt nicht nur den Verzicht auf Vergeltung, er predigt die Duldung des Unrechts. Ja mehr noch. Einige Verse weiter sagt er: „Richtet nicht, damit ihr nicht gerichtet werdet." (Matthäus 7,1)

Für Jesus bedeutet die weltliche Gerechtigkeit nichts; was für ihn zählt, ist die Gewißheit, daß Gott selbst am jüngsten Tag Gerechtigkeit wird walten lassen.

Aber ist diese Auffassung von irdischer Gerechtigkeit nicht genauso gefährlich wie die Moses'? Wären wir den Tätern nicht ausgeliefert? Was Jesus predigt, ist Gewaltverzicht. Er weiß, daß Gewalt die Menschen nicht weiterbringt, selbst wenn sie im Namen der Gerechtigkeit geschieht. Gewalt, so heißt es, erzeugt Gegengewalt, und wir können dies täglich beobachten.

Aber wir beobachten auch anderes. Wir haben gesehen, was Gandhi bewirkt hat, was Martin Luther King bewirkt hat – und wir haben gesehen, wie hilflos Gewalt gegen die Liebe erscheint.

## Bis hierher und nicht weiter

Wir machen mit diesen Worten einem anderen Menschen klar, daß er an Grenzen stößt. Nicht an die eigenen, sondern an die Grenzen, die zwischen den Menschen gezogen sind. Nach Hiob hat Gott mit diesen Worten das Wasser vom Land getrennt:
*„Bis hierher sollst du kommen und nicht weiter; hier sollen sich legen deine stolzen Wellen."* (Hiob 38,11)
Wie zwischen Wasser und Land Grenzen gezogen sind, so auch zwischen den Menschen. Wasser kann nicht Land sein und umgekehrt. So ist jeder Mensch als einzelner geboren, der sich von den anderen unterscheidet, durch seine Grenzen, durch seine Talente und Fähigkeiten, durch sein Aussehen, sein Denken und Fühlen. Ihre individuellen inneren Grenzen können die Menschen oft über-

schreiten. Sie bringen Leistungen hervor, die man für unvorstellbar gehalten hat. Merkwürdige Leistungen mitunter, wie das Bauen von Kartenhäusern in ungeahnte Höhen oder das stundenlange Balancieren auf rohen Eiern; großartige Leistungen auch, wie die Erfindung des Rades. Es heißt, der Mensch wächst mit seinen Aufgaben. Was uns unmöglich erscheint, das schaffen wir mit Ausdauer und Fleiß eines Tages doch.

Aber es sind uns auch andere Grenzen gezogen, Grenzen unserer Freiheit zum Beispiel. Wir dürfen unsere Freiheit nicht ausleben, indem wir die Freiheit der anderen einschränken, sie in ihren Entwicklungsmöglichkeiten oder in ihren Rechten behindern.

Die Grenze ist ein zweideutiger Begriff. Einerseits stellt sie eine Einschränkung unserer Freiheit dar, andererseits aber gewährt sie uns auch eine gewisse Sicherheit, vorausgesetzt, diese Grenzen werden von uns wie von anderen akzeptiert.

Wir sind von einer ganzen Menge solcher Grenzen umgeben: unsichtbare Grenzen; Grenzen, die wir so sehr verinnerlicht haben, daß wir sie nicht mehr bemerken oder erst dann, wenn sie verletzt werden.

Und es gibt Momente, in denen man anderen Menschen – oft auch sich selbst – diese Grenzen aufzeigen muß. Das beginnt im Privaten, etwa in der Kindererziehung, im Umgang mit Freunden und Kollegen, das reicht bis in die Justiz hinein, die ja im Grunde nichts anderes macht, als Grenzverletzungen zu beurteilen und zu ahnden.

## Seine Hände in Unschuld waschen

*„Ich wasche meine Hände in Unschuld und halte mich, Herr, zu deinem Altar, dir zu danken mit lauter Stimme und zu verkündigen alle deine Wunder.“*
(Psalm 26,6–7)
*„Soll es denn umsonst sein, daß ich mein Herz rein hielt und meine Hände in Unschuld wasche?“* (Psalm 73,13)
*„Als aber Pilatus sah, daß er nichts ausrichtete, nahm er Wasser und wusch sich die Hände vor dem Volk und sprach: Ich bin unschuldig an seinem Blut, seht ihr zu!“* (Matthäus 27,24)

Wir finden das Bild in zwei Zusammenhängen. Die Zitate aus dem Psalter sind von einem Menschen gesprochen, der nichts getan hat, das ihm als Schuld ausgelegt werden könnte. Im 26. Psalm bittet der Psalmist darum, daß seine Unschuld anerkannt wird, im 73. Psalm ärgert sich der Psalmist, daß gerade den Gottlosen das Glück zuteil wird, das ihm, dem Unschuldigen, verwehrt bleibt. In beiden Psalmen ist der Psalmist jemand, der nicht schuldig geworden ist.

Der Fall Pilatus liegt anders, ist problematischer. Pilatus ist sozusagen ein Unschuldiger mit schmutzigen Händen. Zwar scheut er vor einer Verurteilung Jesu zurück – und mit gutem Grund, denn er kann an Jesus nichts finden, was verurteilenswert wäre –, aber er überläßt Jesus dem aufgebrachten Volk, das ihn gekreuzigt sehen will. Damit macht Pilatus sich mitschuldig, auch wenn er selbst nicht Hand an Jesus legt bzw. ihn verurteilt. Pilatus wird nicht schuldig, weil er etwas tut, sondern gerade, weil er nichts tut, weil er

seine Amtsautorität nicht für Jesus einsetzt.
So kann die Beteuerung: „Aber ich habe doch gar nichts getan“ in manchen Fällen durchaus ein Schuldeingeständnis sein. Derjenige, der die Hände in den Schoß legt, ist nicht davor gefeit, Täter zu sein.

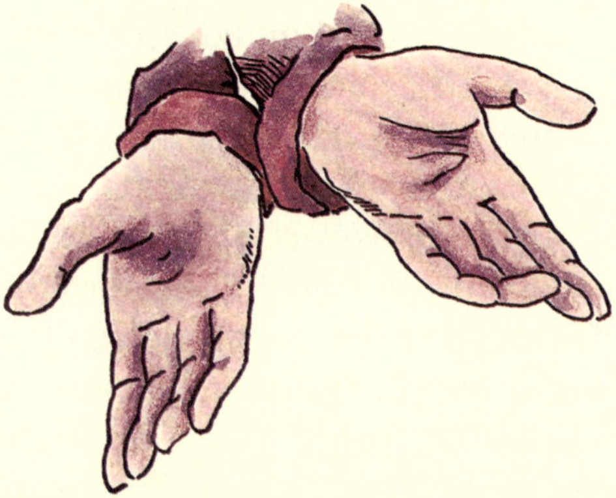

## Jugendsünden

Wenn wir von Jugendsünden sprechen, so liegt im Unterton oft etwas Verharmlosendes. Jugendsünden liegen weit zurück, sie sollen eigentlich nicht mehr ins Gewicht fallen; es sind Sünden, die zu einem Gutteil der eigenen Unreife und einem Mangel an persönlicher Erfahrung und Rechtsbewußtsein entstammen. Aber man muß hier auch deutliche Unterschiede machen, zumal es auch Jugendsünden gibt, die keinesfalls harmlos sind. Wann können wir etwas als Jugendsünde begreifen? Ich denke nicht, daß allein die Tatsache, daß ein Vergehen lange zurückliegt, genügt, um das Wort von der Jugendsünde zu rechtfertigen. Wenn David im Psalm 25, 7 betet:
*„Gedenke nicht der Sünden meiner Jugend und meiner Übertretungen, ge-*

*denke aber meiner nach deiner Barmherzigkeit, Herr, um deiner Güte willen!"*,
so bittet er Gott nicht allein um Vergebung seiner Sünden, sondern er bittet auch um Leitung für sein künftiges Leben. David will keine Vergebung, um anschließend weiter zu sündigen, sondern um ein sündenfreies Leben zu beginnen und zu führen.
Die Jugendsünde wird nicht als etwas Vergangenes aufgefaßt, sondern sie gewinnt einen aktuellen, Davids zukünftiges Leben bestimmenden Gehalt. Es ist gerade die Einsicht in seine Sünden, die Lehre, die er daraus gezogen hat, die sein Leben zum Besseren verändert. So schafft die Einsicht in das Böse letztlich Gutes. Auch für uns gilt, daß eine Sünde erst zur Jugendsünde werden kann, wenn wir unser Fehlverhalten als solches akzeptiert und unsere Lehren dar-

aus gezogen haben. Ansonsten werden wir allzuleicht zu notorischen Sündern. Auch hier finden wir wieder ein Motiv, das unsere Rechtsprechung aufgenommen hat, mag es nun den Verkehrssünder betreffen oder den Verbrecher. Demjenigen, der gegen ein Gesetz verstoßen und dafür gebüßt hat, soll seine Tat nicht weiter vorgehalten werden, vorausgesetzt, er kommt nicht wieder mit dem Gesetz in Konflikt.

Anderenfalls aber muß er damit rechnen, daß ihm vor Gericht seine vergangenen Sünden noch einmal als Vorstrafenregister vorgehalten und unter Umständen bei der Bestimmung des Strafmaßes berücksichtigt werden. Hier gilt, was für Gottes Gericht auch gilt. Buße und Vergebung sind keine Freifahrtscheine für weitere Sünden.

## Brief und Siegel

*„Man wird Äcker um Geld kaufen und verbriefen, versiegeln und Zeugen dazu nehmen im Lande Benjamin...“*
(Jeremia 32,44)

Hier finden wir eine bis zum heutigen Tage wiederkehrende Rechtshandlung, eine Situation, die wir von Ämtern und Notaren kennen.
Wenn man auf etwas Brief und Siegel gibt, so heißt das, daß man etwas beurkundet. Der Brief ist dabei die Urkunde, und das amtliche Siegel verleiht dieser Urkunde zusammen mit der Unterschrift die Rechtsgültigkeit und die Authentizität.
Von jeher galt das Siegel als Zeichen der Autorität. Fürsten und Könige besiegelten ihre Schreiben und Erlasse. Und ähnlich wie bei der Prägung des Geldes

legte man großen Wert auf die filigrane Ausarbeitung der Siegel, um sie auf diesem Wege weitgehend fälschungssicher zu machen, denn seit es Urkunden gibt, werden sie auch gefälscht.
Das Siegel ist heute – abgesehen von Schmucksiegeln – eigentlich nur noch in Form vom Stempeln und Prägesiegeln in Gebrauch. Es hat aber nichts von seiner Wichtigkeit verloren, denn alle standesamtlichen Urkunden, staatlichen Verträge, amtlichen Verfügungen und Schreiben bedürfen heute noch eines Siegels, ebenso wie notarielle Beglaubigungen.
Streng geregelt ist nach wie vor, welche Personen berechtigt sind, das Siegel zu führen, und aus Gründen des Schutzes vor Mißbrauch sind Siegel während der Abwesenheit des Siegelführers auch heute noch unter Verschluß zu halten.

## SEHENDE UND BLINDE

Blindheit ist nicht immer ein körperliches Leiden, sondern kann seine Ursache und seinen Ort in der Seele haben. Wir können blind gegen unseren Nächsten sein; Liebe macht blind, heißt es, wir reden von blindem Haß; ein Mensch ist blind vor Eifer.
Doch diese Form der Blindheit muß nicht immer ein extremer Seelenzustand sein, im Gegenteil, eigentlich gehört sie zu unserem Alltag. Denn der Mensch nimmt seine Umgebung niemals in ihrer ganzen Fülle, sondern stets nur in Ausschnitten wahr. Einerseits ist das ein großer Vorteil, denn es erleichtert uns z. B. die Orientierung, ermöglicht uns, Wesentliches vom Unwesentlichen zu trennen. Andererseits kann es aber auch ein Handikap sein, wenn es dazu führt, daß wir nur noch

wahrnehmen, was wir wahrnehmen wollen, was uns – umgangssprachlich ausgedrückt – in den Kram paßt. Im zweiten Fall befinden wir uns in gefährlicher Nähe zu einer besonderen Form der Blindheit, nämlich der Ignoranz. Wir hören dann irgendwann auf zu begreifen, was in unserer nächsten Umgebung vor sich geht, kümmern uns nur noch um die eigenen Angelegenheiten und sind dann wie vom Donner gerührt, wenn wir eines Tages vor dem Scherbenhaufen stehen, weil wir die Zeichen an der Wand nicht gesehen haben.

Wer die Augen offenhält, sieht noch lange nichts, wenn Herz und Verstand verschlossen sind.

## Im Dunkeln tappen

Wir finden diese Wendung im 5. Buch Mose. Im 28. Kapitel, Vers 29 heißt es:

*„Und du wirst tappen, wie ein Blinder tappt im Dunkeln, und wirst auf deinem Weg kein Glück haben und wirst Gewalt und Unrecht leiden müssen dein Leben lang, und niemand wird dir helfen."*

Es heißt nicht, daß hier ein Mensch mit Blindheit geschlagen wird. Im Gegenteil, er läuft sehenden Auges durch die Welt; alles ist klar, als schiene die Mittagssonne. Und dennoch wird er nichts sehen, d.h. nichts begreifen. Er nimmt zwar am menschlichen Spiel teil, aber er ist eher Ball als Spieler. Er wird die Regeln nicht erkennen, nach denen gespielt wird. Damit aber ist er ein Außenseiter unter den Menschen, die mit ihm machen, was sie wollen, die ihn gebrauchen und verstoßen, wie es ihnen paßt. Und alles, was er unternehmen

wird, um seiner Misere zu entkommen, wird von vornherein zum Scheitern verurteilt sein, weil er niemals wissen wird, welche Schritte aus dem Elend hinausführen. Du wirst im Dunkeln tappen – dies ist ein Fluch, den Gott im Al-

ten Testament jenen androht, die seine Gesetze nicht befolgen.
Und eigentlich ist dies ein ganz weltlicher Fluch.
Gottes Gesetze, die durch Moses verkündet worden sind, geben den Menschen eine rechtliche Orientierung. Es wird klar definiert, was verboten ist. Die Flüche sind Bestrafungen. Durchaus nicht nur im theologischen, sondern auch im weltlichen Sinn. Sie sind Bestandteil eines Regelsystems, das dem Umgang der Menschen untereinander eine Verbindlichkeit gibt, wie es auch unsere modernen Gesetze tun. Auch für sie gilt, daß wir uns an sie halten müssen, es sind Spielregeln, die man befolgen und kennen muß. Wer diese Regeln nicht kennt, der läuft oft recht schmerzhaft gegen die Mauern unseres Rechtssystems.
Aber das gleiche gilt auch für den all-

täglichen Umgang der Menschen miteinander. Auch hier gelten Spielregeln, die wir einhalten müssen, sei es ein höflicher Umgangston, seien es die einfachsten Regeln menschlichen Anstands. Wer permanent gegen diese Regeln verstößt, als gäbe es sie nicht, der wird auch bald unter den Menschen wie ein Blinder im Dunkeln tappen. Er wird von der menschlichen Gemeinschaft ausgeschlossen sein; die anderen machen sich hinter seinem Rücken über ihn lustig, aber er wird von alledem nichts begreifen und sich nur fragen, woher sein ganzes Elend rührt. Wer sich anderen gegenüber wie blind verhält, wird sich selbst ebensowenig sehen.

## Es fällt uns wie Schuppen von den Augen

Etwas ist offensichtlich, und dennoch sehen wir es nicht. Obwohl wir sehenden Auges durch die Welt laufen, hält es sich vor uns verborgen. Etwas geschieht vor unseren Augen, wir aber begreifen es nicht.

So ist es wohl Saulus gegangen, als er noch nicht zum Christentum bekehrt war, als er noch zu dessen Verfolgern zählte und unter den ersten Christen ein gefürchteter Mann war. Wir finden diese Wendung in der Apostelgeschichte des Lukas 9,18.

*„Und sogleich fiel es von seinen Augen wie Schuppen, und er wurde wieder sehend."*

Nach seiner Begegnung mit dem auferstandenen Jesus ist Saulus, so heißt es, drei Tage lang blind gewesen, bis Gott

einen Christen namens Hananias zu Saulus sandte, der ihn in Gottes Namen wieder sehend machte und mit dem Heiligen Geist erfüllte.
Vor seiner Begegnung mit Jesus war Saulus keineswegs blind durch die Welt gegangen. Im Gegenteil. Paulus war ein intelligenter und gebildeter Mensch; seine Tätigkeit als Christenverfolger hatte nichts mit Dummheit oder Verblendung zu tun, sondern war den Traditionen geschuldet, in denen er, selbst ein ausgebildeter Rabbiner, aufgewachsen war. Es waren die Traditionen der schriftgelehrten Pharisäer, die streng an die mosaischen Gesetze glaubten und auf ihre Einhaltung achteten.
Diesen Gesetzen gehorchte auch Paulus. Sie bestimmten seine Sicht der Dinge. Aus dieser Perspektive galten ihm die Christen als Glaubensabtrün-

nige, weil sie Jesus Christus über Moses stellten. Und obwohl Saulus in seiner Eigenschaft als Christenverfolger zwangsläufig oft Kontakt zu Christen hatte, konnte er dennoch nicht erkennen, welche Bedeutung Jesus für die Menschheitsgeschichte haben sollte. Erst die Begegnung mit Jesus Christus selbst brachte die Wende. Als Saulus drei Tage nach dieser Begegnung durch Hananias wieder sehend wurde, da hatte er nicht allein sein Augenlicht zurückerhalten; er konnte nicht nur wieder sehen, sondern er sah anders. Er hatte eine neue Sicht auf das Leben. So geht es uns im Kleinen auch, wenn es wie Schuppen von den Augen fällt. Was uns nicht klar gewesen ist, was wir nicht verstanden haben, das erscheint in einem anderen Licht, wenn wir uns die Mühe machen, einmal die Sichtweise zu wechseln. So verstehen wir oftmals nicht, warum ein Mensch in einer bestimmten Situation so und nicht anders handelt, oder warum etwas nicht funktioniert, obwohl wir uns sicher sind, daß wir keinen Fehler gemacht haben. Manchmal ist es dann ganz gut, wenn wir uns selbst eine Weile mit Blindheit schlagen, in uns gehen, die Angelegenheit ruhen lassen, um sie nach einiger Zeit noch einmal neu, vor allem aber mit freiem Kopf anzugehen.

## Mir geht ein Licht auf

Lange haben wir an etwas herumgerätselt, haben vielleicht einen Fehler gesucht und sind ihm nicht auf die Spur gekommen, haben etwas von allen Seiten untersucht und dennoch etwas nicht erkannt. Dann plötzlich fällt der Groschen, uns geht ein Licht auf, wir erkennen.

In der Bibel werden diese Worte auch im Sinne einer Erleuchtung verwendet, allerdings im Sinne einer geistlichen Erleuchtung. Es handelt sich um den Moment, in dem sich Gott uns offenbart.

*„Dem Gerechten muß das Licht immer wieder aufgehen und Freude den frommen Herzen."* (Psalm 97,11)

*„Den Frommen geht das Licht auf in der Finsternis, von dem Gnädigen, Barmherzigen und Gerechten."* (Psalm 112,4)

*„Das Volk, das in Finsternis saß, hat ein großes Licht gesehen; und denen, die saßen am Ort und im Schatten des Todes, ist ein Licht aufgegangen.“*
(Matthäus 4,16)
Solche Erleuchtungen können wir täglich erfahren. Es ist nicht so, daß uns immer die großen Lichter aufgehen müssen; auch viele kleine Lichter erhellen einen Raum.
Voraussetzung ist allerdings, daß wir weder das Sehen noch das Staunen verlernt haben.
So weit uns Wissenschaft und Technik auch gebracht haben, so haben sie uns doch auch eine Menge genommen: Wir leben in einer entzauberten Welt. Das ist gewiß nicht nur ein Vorteil. Und doch ist diese Entzauberung nicht ganz gelungen, und ich für meinen Teil hoffe auch, daß sie niemals gelingen wird. Keine Wissenschaft der Welt kann mir

erklären, warum ich mich beim Aufbrechen der ersten Krokusblüte nach einem langen Winter von Gott berührt fühle, warum ich hier ein Wunder sehe. Natürlich kann selbst ich mit meinen spärlichen Kenntnissen erklären, was hier – biologisch betrachtet – geschieht. Doch was läßt mein Herz für einige Momente schneller schlagen, woher dieses Glück in mir, wer erleuchtet meine Seele?

## Das ist mir zu hoch

*„Diese Erkenntnis ist mir zu wunderbar und zu hoch, ich kann sie nicht begreifen."* (Psalm 139,6)

Wir sagen dies, wenn wir etwas nicht verstehen; nicht, weil wir es nicht verstehen wollen, sondern nicht verstehen können.
Es ist manchmal schwer, sich einzugestehen, daß man etwas nicht kapiert. Aber es ist allemal besser als ein Verstehen nur vorzutäuschen. Nicht-Verstehen wirft nämlich oftmals die besten Fragen auf, öffnet neue Horizonte, weckt den Forscherdrang, führt auch zu neuen Ufern.
Ohne das Eingeständnis, daß man etwas nicht verstanden hat, gäbe es keinen menschlichen Fortschritt. Insofern ist das Eingeständnis, daß man mit seinem

Wissen und seiner Erfahrung an eine Grenze gestoßen ist, nichts Beschämendes, sondern etwas höchst Produktives. Verständnis ist stets die Voraussetzung der Veränderung. Aber der Mensch überschätzt sich maßlos, wenn er glaubt, eines Tages alles verstehen zu können. Auch wenn manche Wissenschaftler glauben, Gottes Plan auf der Spur zu sein, so müssen sie sich doch vor Augen halten, daß auf jede Frage, die sie beantworten, drei neue Fragen folgen. Unser Wissen verdoppelt sich mittlerweile alle paar Jahre. Ich finde es irgendwie tröstlich, daß unser Nicht-Wissen da gut Schritt hält, und daß das, was wir nicht begreifen, stets größer ist als das Begriffene.
So lassen wir Gott die Luft zum Atmen und uns das Staunen über das Wunder der Schöpfung, das uns, so sehr wir uns auch plagen, immer noch zu hoch ist.

# OPFER

Das Opfer ist ein Bestandteil fast jeder Religion, es ist die den Göttern geschuldete Abgabe der Menschen, und ich vermute, daß im religiösen Opfer letztlich auch der Ursprung der Steuern liegt. Der Mensch opfert seinen Göttern aus unterschiedlichen Gründen, er will sie beschwichtigen, er bittet und er dankt mit Opfern.
Mit Jesus Christus gewinnt das Opfer in der christlichen Tradition eine völlig neue Bedeutung, denn nie zuvor hatte ein Gott seinen Sohn für die Menschen geopfert. Gott hatte das getan, wovon er Abraham einst erlöst hatte.
Auch wenn wir heute keine Opfer mehr im alttestamentarischen Sinn darbringen, so scheinen die alten Sitten bis auf den heutigen Tag durch, etwa wenn wir das Erntedankfest feiern oder zu Ostern

einen Lammbraten auf den Tisch bringen.
Gleichwohl haben wir das Opfer nicht aufgegeben, wir haben es lediglich verändert. Jesus hat gesagt: „Was ihr getan habt einem von diesen meinen geringsten Brüdern, das habt ihr mir getan" (Matthäus 25,40). Und so opfern wir auch wirklich noch, indem wir spenden, sei es gegen den Hunger, sei es für Selbsthilfeprojekte in der Dritten Welt, sei es für die Opfer von Katastrophen. Wir geben von unserem Reichtum ab. Und wir sollten nicht vergessen, daß wir darin Gott einen Dienst leisten.

## Sein Scherflein beitragen

Das Scherflein war eine winzige Währungseinheit, kleiner noch als der Pfennig. Sein Scherflein beitragen bedeutet heute, einen kleinen uns angemessenen Beitrag zur Verwirklichung eines größeren Zieles beizutragen. Wir finden das Scherflein im Markus-Evangelium 12,41–44. Eine arme Witwe gibt zwei Scherflein in die Kollekte. Und Jesus spricht zu seinen Jüngern:
*„Wahrlich, ich sage euch: Diese arme Witwe hat mehr in den Gotteskasten gelegt als alle, die etwas eingelegt haben. Denn sie haben alle etwas von ihrem Überfluß eingelegt; diese aber hat von ihrer Armut ihre ganze Habe eingelegt, alles, was sie zum Leben hatte."*
Die Qualität eines Opfers mißt sich nicht in Mark und Pfennig. Wenn die Armen den noch Ärmeren geben, so ist dies für

Jesus mehr wert als die Spende, die sich in Tausendern zählt, aber für den Reichen kein wirkliches Opfer darstellt. Sollen doch die geben, die es sich leisten können, höre ich oft. Aber genau dagegen spricht Jesus am Beispiel der Witwe, die es sich wirklich nicht leisten kann, bei der jeder Verständnis hätte, wenn sie nichts in die Kollekte hineingeben würde.

Man braucht ja nicht so viel zu spenden, daß man deshalb darben müßte, es genügen auch kleinere Spenden. Ich denke, daß ein paar Mark, die man erübrigt, vielleicht genau jener Betrag sind, den es braucht, um den letzten Dachziegel für ein Haus zu kaufen, in das es sonst hineinregnen würde. Es ist zwar nur ein einziger Ziegel auf einem großen Haus, doch ohne diesen Ziegel würde das Haus langsam verrotten.

# Laß diesen Kelch an mir vorübergehen

*„Mein Vater, ist's möglich, so gehe dieser Kelch an mir vorüber; doch nicht, wie ich will, sondern wie du willst!"* (Matthäus 26, 39)

So betet Jesus im Garten Gethsemane, wohl wissend, daß er sterben wird, daß es kein Zurück mehr gibt. So flehen wir vor unangenehmen Situationen, vor Entscheidungen, von denen wir wissen, daß sie unausweichlich sind, daß sie uns und vielleicht auch anderen Menschen großen Schmerz zufügen werden, daß wir Opfer bringen müssen.
Dieser Kelch, das ist unser Leben, und der Wein darin wechselt häufig seinen Geschmack, er ist süß, er ist bitter, er ist schal. Aber wir haben keine Wahl. Er ist uns eingeschenkt worden, und wir müs-

sen ihn trinken bis zur Neige. Und gerade in den Tagen, wenn er bitter schmeckt, kann uns der Glaube helfen, daß nichts im Leben vergeblich ist, daß in den Prüfungen, die Gott uns auferlegt, ein eigener uns nicht zugänglicher Sinn liegt. Wir sollten darauf vertrauen, daß sich gerade die bedrückenden Situationen des Lebens, unsere großen und kleinen Gänge nach Kanossa, die Entscheidungen, die uns schwerfallen, denen wir nur zu gerne fliehen möchten, im nachhinein häufig als Beginn einer Wandlung zum Besseren entpuppen.

Jetzt, da ich diese Zeilen schreibe, erinnere ich mich an Heinrich Albertz, Pastor und für kurze Zeit Regierender Bürgermeister in Berlin, der sich im März 1975 Terroristen als Geisel anbot, um damit einen entführten Politiker zu befreien, wohl wissend, daß er sich dadurch in Lebensgefahr brachte. Wir können diesen Entschluß, dieses Opfer gar nicht hoch genug werten. Hier war einer, der in meinen Augen mehr als viele andere Jesus verstanden hatte.

Ich weiß, daß Heinrich Albertz sich gegen meinen nächsten Gedanken wehren würde und vielleicht mit Recht. Aber hat er für einige Menschen nicht das getan, was Jesus für die Menschheit getan hat, sein Leben vor Gott für andere in die Waagschale geworfen?

## KRISEN

Natürlich diente die Bibel seit jeher auch als Quelle des Trostes und als eine frühe Form der Lebensberatung in kritischen Situationen. Wie wichtig diese Quelle ist, sieht man auch daran, wieviele Redewendungen wir dazu bis heute aus der Bibel übernommen haben. Es ist wohl so, daß wir Menschen in Krisen leichter den Weg zu Gott und zum Gebet finden, als in Zeiten der Zufriedenheit, gar des Glücks. Und das scheint seit alters her so zu sein – das Alte Testament bezeugt dies in hohem Maße. Gott erscheint hier oft auch als ein zürnender und ein strafender Gott, der es zu vielen Zeiten gar nicht so gut mit seinem Volk meint. Mal läßt er es in die Versklavung verschleppen, mal sendet er Elend auf die Erde hinab. Oft aber tut er dem Volk auch Gutes. Er befreit es, sorgt dafür,

daß es in Frieden und Wohlstand leben kann. Wichtiger ist aber, daß Gott stets ein Ohr für jene hat, die mühselig und beladen sind. Gott ist auch ein zuhörender, ein vergebender Gott.
Und so sehen wir im Alten Testament, daß das Elend, das Gott über die Menschen kommen läßt, auch immer eine erzieherische Maßnahme ist. Im Elend und in der Orientierungslosigkeit finden die Menschen leichter zu Gott zurück. Das ist bis heute so geblieben. Es ist schon prägnant, daß in Europa, einem Kontinent, dem es – gemessen an anderen Kontinenten – sehr gut geht, die Zahl der Kirchenmitglieder stetig abnimmt, während in Ländern, in denen das Elend herrscht, die Menschen zunehmend den Weg in die Kirchen finden.
Und doch: Die Sehnsucht nach einer geistlichen Geborgenheit ist auch bei uns ungebrochen, auch wenn sich das

nicht in der Zahl der Kirchenmitglieder niederschlägt.
Aber es zeigt sich in der zunehmenden Zahl der Sekten. Es sind nicht zuletzt Menschen, die in tiefen Krisen stecken, die für solche mitunter sehr dubiosen, gar gefährlichen Sekten und deren Gedankengut anfällig sind. Offenbar liegen hier Defizite vor, auf die die Kirchen im Augenblick anscheinend keine Antworten haben. Dabei ist die Bibel voll von Geschichten, in denen Menschen krisenhafte Situationen durchzustehen hatten und dieses mit Gottes Hilfe auch geschafft haben. In der kleinen Sammlung von Sprüchen, die zu diesem Thema nun folgt, werden wir viele Krisengefühle wiederfinden, die so gar nicht alttestamentarisch wirken, sondern ziemlich genau die Gefühle wiedergeben, die viele von uns heute belasten.

## Nicht mehr wissen, was rechts und was links ist

*„…und mich sollte nicht jammern Ninive, eine so große Stadt, in der mehr als hundertzwanzigtausend Menschen sind, die nicht wissen, was rechts oder links ist, dazu auch viele Tiere?“*
(Jona 4,11)

Gott hatte Jona den Auftrag gegeben, in die Stadt Ninive zu gehen, um den Menschen dort den baldigen Untergang der Stadt als Strafe Gottes zu verkünden. Denn die Menschen hatten den Glauben an Gott verloren. Jona tat, was Gott ihm aufgetragen hatte. Die Menschen ließen sich durch Jonas Ankündigung tatsächlich bekehren und taten Buße, so daß Gott davon absah, sie zu strafen. Er hatte Mitleid mit jenen, die den rechten Weg verloren hatten, die das Maß nicht

mehr kannten, die nicht mehr wußten, was rechts und was links ist.
Auch wir kennen manchmal solche Zustände der Maßlosigkeit. Irgendwann vergessen wir unsere Grundsätze, verlassen unser Maß, schenken niemandem mehr Beachtung, leben nur noch uns selbst, verlieren unsere Orientierung, unseren Glauben, unsere Mitte.
Das sind Augenblicke, in denen wir selbst eines Jona bedürfen, eines Menschen, der uns darauf hinweist, daß wir vom Pfade abgekommen sind, daß wir nicht mehr wir selbst sind. Wie die Bürger Ninives sollten wir dann darauf hören, was uns dieser Mensch zu sagen hat, sollten ihn nicht links liegen lassen oder seine Einwände als leeres Gerede abtun. Wir müssen nicht alles, was er zu sagen hat, für uns annehmen, aber wir sollten es zumindest ernst nehmen, ihn nicht wie einen Rufer in der Wüste be-

handeln. Denn ohne Anlaß wird seine Mahnung nicht sein.
Und wir sollten uns die Zeit nehmen, in uns zu blicken, zu schauen, wie es dort aussieht, zu fragen, ob wir uns noch wiedererkennen. Es ist keine Schande, seine Mitte zu verlieren, aber es ist wohl eine Schande, sie auf immer verloren zu geben.

## Mehr Schulden als Haare auf dem Kopf haben

*„Denn es haben mich umgeben Leiden ohne Zahl. Meine Sünden haben mich ereilt; ich kann sie nicht überblicken. Ihrer sind mehr als Haare auf meinem Haupt, und mein Herz ist verzagt."* (Psalm 40,13)

Hier im Psalm ist von Sünden die Rede. Die Wandlung zum Begriff der Schulden ist leicht nachzuvollziehen. Wer gesündigt hat, der hat Schuld auf sich geladen. Auch wenn wir heute diese Worte eher mit Geld in Verbindung bringen, wird darin immer noch klar, was sie ursprünglich bedeuteten. Doch bleiben wir zunächst bei ihrer heutigen Bedeutung.

Viele Menschen sind heute überschuldet, das heißt, sie haben eigentlich

keine Möglichkeit mehr, jemals ihre Schulden zurückzuzahlen. Ich finde es interessant, wie manche Menschen mit dieser Situation umgehen – sie ignorieren sie einfach, bis dann eines Tages die Mahnbescheide vom Gericht ins Haus flattern oder schließlich der Gerichtsvollzieher vor der Tür steht. Von nun an geht nichts mehr. Dann ist das Gejammer groß. Ich will nicht darüber urteilen, ob jemand durch eigenes oder fremdes Verschulden in eine solche Situation gekommen ist. Wichtig ist mir wirklich, wie man damit umgeht.
Und da scheint mir der Psalmist, so merkwürdig das klingen mag, Wegweisendes zu sagen bzw. zu tun. Er bekennt sich nämlich zu seiner Schuld, er ignoriert sie nicht. Er gesteht sie vor Gott und vor sich selbst ein, will nicht mehr so weiterleben wie bisher. Seine Schuld beginnt ihn nämlich zu erdrücken, und

er weiß eigentlich keinen Ausweg mehr. Jetzt kann man natürlich sagen: Schön und gut, aber bezahlt mir der liebe Gott meine Schulden bei der Bank, bei den Kaufhäusern, beim Autohändler? Nein, aber er nimmt auch dem Psalmisten die Schuld nicht ab. Wichtig ist im einen wie im anderen Fall, einen klaren Blick auf sich selbst zu werfen und sich Hilfe zu holen, wenn man selbst nicht weiterweiß. Nur für wenige, sehr wenige Probleme gibt es nämlich keine Lösung. Die meisten Probleme erledigen sich leider aber auch nicht von selbst.

## Weder ein noch aus wissen

*„Nun, Herr, mein Gott, du hast deinen Knecht zum König gemacht an meines Vaters David Statt. Ich aber bin noch jung, weiß weder aus noch ein.“*
(1. Könige 3,7)

Das ist ein Satz aus Salomos Gebet um Weisheit. Salomo wurde bereits in jungen Jahren zum König der Juden gekrönt. Ein junger Mann, der kaum Lebenserfahrung hatte. Die Aufgabe, ein Volk zu regieren und sich dabei an seinem großen Vater David messen lassen zu müssen, war wohl eine übermächtige Herausforderung für Salomo. Er hatte keine Möglichkeit, langsam in diese Aufgabe hineinzuwachsen. Sie wurde ihm übertragen, und er mußte nun damit fertig werden; es war so, als würde man einen Achtzehnjährigen

von heute auf morgen zum Bundeskanzler machen und sagen: Nun regiere mal schön.
Salomo wendet sich in dieser schwierigen Situation, in der er nicht weiß, wie und wo er beginnen soll, an Gott und bittet ihn um Weisheit, er bittet um einen Rat, wohl weil er weiß, daß er ohne den Rat Gottes nicht weit kommen wird.
Diese Einsicht allein zeugt schon von einer Weisheit, wie Salomo sie erst später voll entfalten wird. Wir kennen sie aus dem salomonischen Urteil. Salomo weiß, daß der Mensch manchmal vor Aufgaben gestellt wird, die er allein nicht meistern kann, zu deren Bewältigung er auf die Hilfe anderer angewiesen ist. Und er nimmt diese Hilfe in Anspruch, scheut sich nicht, darum zu bitten. Das heißt ja auch zuzugeben, daß er um die Grenzen seiner Fähigkeiten weiß. Salomo verfügt also im

Grunde über ein gesundes Selbstvertrauen, ein Selbstvertrauen, das sich nicht überschätzt. Zuzugeben, daß man nicht mehr aus noch ein weiß, ist kein Zeichen von Schwäche, sondern ein Zeichen des gesunden Menschenverstandes, denn es hilft uns dabei, uns selbst nicht zu überfordern, uns selbst nicht an Aufgaben zu versuchen, die wir nicht lösen können. Mit dieser Einsicht allerdings hat man schon einen wichtigen Schritt zur Lösung von Problemen getan.

## Ein Unglück kommt selten allein

*„So spricht Gott der Herr: Siehe, es kommt ein Unglück über das andere!“* (Hesekiel 7,5)

Es gibt Zeiten, da scheinen wir das Unglück regelrecht anzuziehen, eines kommt zum anderen. Gerade glauben wir, uns von einem Schlag erholt zu haben, da bricht schon der nächste über uns herein. Warum gerade wir, fragen wir uns dann, warum trifft es uns so hart, was haben wir falsch gemacht, gar wofür werden wir bestraft? Stellen wir uns diese Fragen aber auch, wenn es uns über lange Zeit sehr gut geht, wenn das Leben wie geschmiert läuft, wenn alles, was wir anfangen, gelingt? Heißt es nicht auch: Nichts macht erfolgreicher als der Erfolg?
Das Unglück ist genauso ungerecht ver-

teilt wie das Glück. Nur, im Glück denken wir, daß es so in Ordnung ist, im Unglück denken wir, daß alle Welt sich gegen uns verschwört.
Dabei haben beide eigentlich nur mit uns zu tun. Glück wie Unglück treffen uns nämlich ins Herz, doch während aus dem einen Flügel erwachsen, frißt das andere Löcher hinein. Löcher, die den Raum schaffen für neues Unglück.
Es ist so, aus dem Unglück befreien wir uns nur selbst. Natürlich können uns andere Menschen, kann uns der Glaube an Gottes Gerechtigkeit dabei helfen, aber die Arbeit liegt einzig auf unseren Schultern. Niemand ist vor Schicksalsschlägen geschützt, doch wir können uns vor den selbstverschuldeten Folgen schützen. Das Unglück in Folge trifft, so zeigt meine Erfahrung, in erster Linie Menschen, die ihr Unglück kultivieren, ja sich mitunter fast wohlig darin

suhlen und nur noch eine Gefühlsregung wirklich ernst nehmen: ihr Selbstmitleid. Sie ziehen das Unglück wahrhaft an, denn sie brauchen es als Sinnersatz ihres Lebens.

Es heißt, das Glück ist mit dem Tüchtigen, und daran ist etwas Wahres, denn wer vieles beginnt, dem wird nicht alles schiefgehen, vor allem aber wird er in Zeiten des Unglücks von glücklicheren Tagen zehren können, und sie werden ihm zur Kraft.

## Mir wächst alles über den Kopf

*„Mein Gott, ich schäme mich und scheue mich, meine Augen aufzuheben zu dir, mein Gott; denn unsere Missetat ist über unser Haupt gewachsen, und unsere Schuld ist groß bis an den Himmel.“* (Esra 9,6)

Jeder kennt Augenblicke, in denen wir den Überblick verloren haben. Es hat klein angefangen. Wir konnten nicht ahnen, zu was es sich auswachsen würde.

Vielleicht begann es mit einer Notlüge, vielleicht war es eine völlig unnötige Lüge – und dann haben wir den Fehler gemacht, weiter zu lügen. Um eine Lüge halten zu können, haben wir eine neue Lüge hinzugefügt, die wieder andere Lügen nach sich gezogen hat, bis wir schließlich den Überblick völlig verloren haben und das Lügengebäude nun einzustürzen droht. Wir sind in einer ausweglosen Situation. Weitermachen wie bisher können wir nicht, alle Lügen einzugestehen würde unseren Ruf völlig ruinieren. Die Sache ist uns über den Kopf gewachsen.

Aber es muß nicht immer eine Schuld sein, die uns über den Kopf wächst. Es können die alltäglichen Aufgaben sein, die wir nicht mehr bewältigen können. Der Beruf fordert uns, die Familie will ihr Recht, wir haben womöglich gesellschaftliche Verpflichtungen. Was uns fehlt, ist Zeit für uns. Das ist gewöhnlich die Ausgangslage. Wir sind so in das Leben eingebunden, daß unsere Seele mit der Tageshatz nicht mehr mithalten kann und irgendwo auf der Strecke bleibt.

Hier hilft normalerweise nur Härte.

Viele Menschen verlernen im Laufe ihres Lebens einfach die Fähigkeit, nein zu sagen, sie lassen sich nicht nur immer neue Lasten aufbürden, sie bürden sich selbst auch neue Lasten auf. Sie schinden ihren Körper und treiben Raubbau an ihrer Seele, oftmals nur aus der Angst heraus, daß sie etwas verpassen könnten, daß sie irgendwie die Kontrolle verlieren könnten. Es ist eine Ironie des Schicksals, daß gerade diese Angst häufig dazu führt, daß man tatsächlich etwas verpaßt, etwas verliert, nämlich die Freude an und die Zufriedenheit mit sich selbst. Die muß man nämlich auch üben, man muß dem eigenen Ich Spielplätze einräumen, tägliche Ruhezonen, in denen man genüßlich die Seele baumeln lassen kann.
Am ehesten ist das zu machen, indem man rigoros darauf besteht, daß man eine halbe Stunde am Tag ganz für sich

allein hat, über die kein anderer verfügen darf. Eine Zeit, die einzig und allein der Entspannung dienen soll, der Meditation, eine Zeit, in der man sich

außerhalb der Dinge, manchmal außerhalb seiner selbst stellen kann, in der man sich unberührt unter die Lupe nimmt und sich ernsthaft fragt, was man eigentlich so treibt. Es ist nun einmal so, daß man in den Tagesgeschäften am schnellsten sich selbst aus den Augen verliert. Und was erst einmal verloren ist, läßt sich nur mühsam wiederfinden.

## Gewissensbisse

*„An meiner Gerechtigkeit halte ich fest und lasse sie nicht; mein Gewissen beißt mich nicht wegen eines meiner Tage."* (Hiob 27,6)

Wohl kein Mensch kann von sich sagen, daß er niemals unter Gewissensbissen gelitten hat.
Ich denke, es ist gut, zwei Arten der Gewissensbisse zu unterscheiden, nämlich die Gewissensbisse vor einer Handlung und die Gewissensbisse danach. Beide sind nicht schlecht, gleichwohl sind die vor einer Handlung besser, denn sie zeigen mir ja, daß mein Gewissen in Aufruhr ist, daß etwas nicht stimmt, daß ich etwas tun will oder zu tun genötigt werde, das sich mit meinem Gewissen nicht vereinbaren läßt.
Die andere Art der Gewissensbisse ist

schlimmer: Sie folgen der Tat, und sie bleiben, weil sich die Tat nicht rückgängig machen läßt.

Gewissensbisse haben eine gute Eigenschaft, man kann nicht wirklich einfach über sie hinweggehen. Selbst wenn man sie vielleicht vor der Tat erst einmal aus dem Weg geräumt zu haben scheint, so kehren sie danach um so heftiger zurück, und wir müssen feststellen, daß wir sie nur verdrängt, aber nicht beseitigt haben. Nun beißen sie heftiger als zuvor, bereiten uns schlaflose Nächte und unruhige Tage.

Das Gewissen ist etwas sehr Wertvolles; wir sollten uns hüten, es zu vergewaltigen. Nicht die Rücksichts- und Skrupellosen sind die wirklich Starken, sondern diejenigen, die ihr Gewissen ernst nehmen, die sich achten und nur dadurch andere Menschen achten können.

So sollten wir sie zweifach würdigen: Gewissensbisse können zuverlässige Warnsignale sein. Aber sie können auch schon eine Strafe sein, lange bevor andere unsere Taten entdeckt und geahndet haben.

Ganz los werden wir sie niemals – es sei denn, wir würden zu perfekten Menschen. Doch da sei Gott vor.

## Eine Hiobsbotschaft erhalten

Dieser Begriff kommt in der Bibel so nicht vor, hat aber dort seinen Ursprung. Ich habe lange Zeit geglaubt, daß Hiob der Überbringer einer schlechten Nachricht war, aber das Gegenteil ist der Fall. Er hat diese Nachricht empfangen, ja, er hat nicht nur *eine* Hiobsbotschaft erhalten, sondern viele; sie wollten gar nicht abreißen.

Hiob war ein sehr gottesfürchtiger und ein sehr reicher Mann, einer, der es geschafft hatte, wie man so sagt.

In der Geschichte Hiobs heißt es nun, daß sich eines Tages im Himmel die Gottessöhne trafen, zu denen auch Satan zählte. Satan provozierte nun Gott, indem er ihm sagte, Hiob sei allein deshalb so gottesfürchtig, weil er ein wohlhabender Mann sei, dem es an nichts mangele. Und er sagte Gott, daß Hiob

ihm sofort abschwören würde, wenn man ihm alle seine Reichtümer nähme. Gott billigte zu, Hiobs Glauben zu prüfen.
Er überantwortete Hiobs Vermögen dem Satan, damit er frei darüber verfüge, wie er es wolle. Einzige Bedingung sei, daß bei allem, was Satan nun tun würde, Hiob selbst kein Leid geschehen dürfe. Satan war sich seiner Sache sicher und machte sich ans Werk und vernichtete den Besitz vollständig, ja löschte seine Familie aus. Boten gaben sich bei Hiob die Klinke in die Hand, um ihm die schlechten Nachrichten zu überbringen. Marodeure aus Saba schleiften sein Land, Feuer vernichtete die Herden und ihre Hüter, Chaldäerbanden raubten seine Kamele und erschlugen die Hirten, seine Familie fand den Tod. Und Hiob? Er schwor Gott nicht ab, er sprach: „Ich bin nackt von

meiner Mutter Leibe gekommen, nackt werde ich wieder dahinfahren. Der Herr hat's gegeben, der Herr hat's genommen; der Name des Herrn sei gelobt!" (Hiob 1,21)
Wie? Keine Erschütterung des Glaubens nach all diesen Verlusten? Ich sage nicht, wir sollten uns an Hiob ein Beispiel nehmen, wie er trotz der nicht enden wollenden Reihe von Unglücken weiter fest im Glauben steht. Das ist sicherlich bewundernswert, aber es ist nicht das, was ich für mich aus seiner Geschichte ziehe.
Für mich ist wichtig, daß ich hier ein Beispiel für eine unglaubliche Gemütsruhe finde, wie sie erst später in der Philosophie der Stoiker zu Ende formuliert wurde. Hiob hat meines Erachtens etwas Wesentliches begriffen. Er hat verstanden, daß irdisches Glück nicht von Dauer ist, daß es keine lebenslange Ga-

rantie auf ein glückliches Leben gibt, daß die Party nicht ewig weitergeht. Aber wie hat er sich dabei verhalten? Er hätte doch eben deshalb eine Haltung an den Tag legen können, die nur ans Heute denkt. Er hätte prassen und sich der Völlerei hingeben können, Geld hätte keine Rolle gespielt, er hätte von einem Fest ins nächste taumeln, in einem Zustand permanenten Überschwangs leben können.

Doch nein, er ist der Bibel zufolge ein bescheidener, ein demütiger Mensch geblieben. Sein Glück lag wohl nicht in den Reichtümern, die er sich erarbeitet hatte, sondern diese Reichtümer waren umgekehrt das Ergebnis seines Glücks. Eines Glücks allerdings, das sich nicht in Geldmenge und Herdengröße rechnete, sondern in der Dankbarkeit, leben zu dürfen. Ja, vielleicht konnte er sein Glück nur deshalb richtig genießen,

weil er wußte, daß es ihm jederzeit entzogen werden kann, daß es nicht von Dauer sein wird, daß es für ein gelungenes Leben keine Rolle spielt.
Allein die Bescheidenheit und die Demut, mit denen er seinen Wohlstand annahm, machten ihn letztlich fähig, auch die Katastrophe anzunehmen, sich nicht in Jammern und Klagen zu verlieren, sondern Geschehenes als geschehen hinzunehmen. Vor allem aber hat er verstanden, daß der Verlust von Reichtümern, ja der Verlust seiner Nächsten nicht gleichbedeutend ist mit dem Ende seines Lebens. Und gerade darin folgt er am tiefsten dem Gedanken eines gottesfürchtigen Lebens.

## UNGERECHTER ZORN

Es gibt wohl kaum einen Menschen, der so gütig ist, daß er den Zorn nicht kennt. Zornig zu werden gehört zur menschlichen Natur wie die Fähigkeit, zärtlich zu sein.

Gleichwohl zählt der Zorn nicht zu den Idealen und Tugenden, die die Bibel predigt. Auch wenn es so etwas wie einen gerechten Zorn gibt, so findet er doch keinen Eingang in den Kanon der Tugenden. Dort finden wir eher Werte wie Sanftmut, Gerechtigkeit, Demut und Geduld. Der Zorn wäre hier fehl am Platz.

Zorn ist in der Regel kein gutes Gefühl, weder für den Zornigen noch für denjenigen, der Opfer des Zornes ist. Zorn ist ein Verwandter der Wut; ebenso wie die Wut blind macht, trübt auch er unseren Blick. Unter ihm leidet unser Gefühl für

Gerechtigkeit, mehr noch, er ist selbst oft eine Quelle neuer Ungerechtigkeiten, vor allem, wenn wir ihn an anderen Unbeteiligten auslassen.

Wir sollten im Zorn nicht vergessen, daß er blind um sich schlägt und uns schnell ungerecht werden läßt, daß wir Menschen mit ihm strafen, die diese Strafe mitunter nicht verdient haben.

## Jemandem das Leben sauer machen

„*Da zwangen die Ägypter die Israeliten unbarmherzig zum Dienst und machten ihnen ihr Leben sauer mit schwerer Arbeit in Ton und Ziegeln und mit mancherlei Frondienst auf dem Felde, mit all ihrer Arbeit, die sie ihnen auflegten ohne Erbarmen.*“ (2. Mose 1,13–14)

Ich hatte diesen Wunsch, jemandem das Leben sauer zu machen, auch schon. Es war eine Art Rachegefühl für ein vermeintliches Unrecht, doch mein Gewissen hat mich schließlich davon abgehalten. Ich gehöre gewiß nicht zu den Menschen, die die linke Wange auch noch hinhalten, wenn sie auf die rechte geschlagen worden sind.
Aber ich weiß auch, daß es nicht gut ist, Gleiches mit Gleichem zu vergelten.

Solche Konten sind letztlich niemals ausgeglichen.
Nicht immer muß dem Wunsch, einem Menschen das Leben sauer machen zu wollen, ein konkreter Anlaß vorausgehen.
Ich kenne das noch aus meiner Schulzeit und habe es später im Arbeitsleben wieder erlebt. In jeder Klasse, in jeder Firma gibt es offenbar einen Menschen, auf den es alle anderen abgesehen haben. Nicht zuletzt sind es oft die Schwächsten und Sensibelsten, die zum Opfer der mehr oder minder harmlosen Streiche oder gar ernsthaften Sabotage erkoren werden. Das kann sich zu regelrechtem Terror auswachsen, der sich des gesamten Zeughauses menschlicher Bosheit virtuos bedient. Da wird vor keinem Gerücht zurückgescheut, vor keiner Diffamierung, vor keiner Intrige – und alles dient allein dazu, einen

Menschen zugrunde zu richten. Da ist kein anderes Ziel mehr zu sehen, ja nicht einmal mehr der Rachegedanke. Im Mittelpunkt steht nichts als die Vernichtung eines Menschen. Uns bleibt da nur eins: richtig sauer zu werden, wenn wir sehen, daß jemandem das Leben sauer gemacht wird.

## Sein Mütchen kühlen

*„Der Feind gedachte: Ich will nachjagen und ergreifen und den Raub ausstellen und meinen Mut an ihnen kühlen. Ich will mein Schwert ausziehen, und meine Hand soll sie verderben.“*
(2. Mose 15,9)

Wir sind aufgebracht, wütend. Jemand hat uns enttäuscht, vielleicht ein gegebenes Versprechen nicht gehalten oder unsere Gutmütigkeit ausgenutzt. Wir sind zutiefst verärgert. Manche schlucken ihren Ärger herunter, andere müssen in solchen Momenten ihre Wut abreagieren und andere mit Schimpf- und Zornestiraden überziehen.
Und wenn die Ursache unseres Ärgers nicht zur Stelle ist, dann nehmen wir uns den ersten besten vor, der uns über den Weg läuft. Irgendwo muß der Ärger

hin, und wenn es einen Unbeteiligten trifft. Egal. Es ist völlig normal, daß wir uns von Zeit zu Zeit ärgern, aber wir sollten dem Ärger dort Raum geben, wo er angemessen ist.

Und selbst dann sollten wir Vorsicht walten lassen. Viele Menschen schießen über ihr Ziel hinaus, wenn sie ihrem Ärger Luft machen wollen. Sie kommen dann schnell vom Hundertsten ins Tausendste, beginnen längst Vergessenes wiederzukäuen, nehmen den kleinsten Ärger zum Anlaß für eine Auflistung aller Verfehlungen seit Menschengedenken.

Die Wut ist dann zwar manchmal fort, aber auch ihre Ursache? Meist erreicht man mit dem Kühlen des Mütchens, des aufgebrachten Gemütes nur das Gegenteil dessen, was man sich wünschte. Wenn man sich um des Mütchens willen dazu hinreißen läßt, sein Gegenüber in

Grund und Boden zu reden, ihn gar zu demütigen, so kann man sicher sein, daß er diese Demütigung nicht vergessen wird. Seine Retourkutsche wird eines Tages vor der Tür stehen, und wir werden gezwungen sein, einzusteigen. Besser ist es allemal, seinen Ärger eine Nacht lang ruhen zu lassen.

In der Armee gilt folgende Regelung: Wenn man sich von irgend jemandem ungerecht behandelt fühlt, so hat man das Recht zur Beschwerde bei seinen Vorgesetzten – allerdings erst nach Ablauf von vierundzwanzig Stunden. Eine Nacht Schlaf bewirkt oft Wunder, man kann seinen Ärger noch einmal überdenken.

Oft ist es dann so, daß unser Zorn verraucht ist, daß wir einsehen, daß wir ein Problem überbewertet haben und es nicht wert gewesen wäre, wild um sich zu schlagen.

## Komme mir nicht mehr unter die Augen

Es gibt Kränkungen und Verletzungen, die uns andere Menschen zufügen und die so schwer wiegen, daß wir mit diesen Menschen nichts mehr zu schaffen haben wollen, sie nicht sehen wollen, nicht einmal mehr aus der Ferne. Unsere Geduld mit ihnen hat ein Ende gefunden, wir verbannen sie aus unserem Blickfeld.
So muß der Pharao gegenüber Mose empfunden haben. Im 2. Buch Mose 10,28 heißt es:
*„Und der Pharao sprach zu ihm: Geh von mir und hüte dich, daß du mir nicht mehr vor die Augen kommst; denn an dem Tage, da du mir vor die Augen kommst, sollst du sterben.“*
Die Geduld des Pharao war erschöpft, und das ist zunächst einmal auch nach-

zuvollziehen. Ständig lag ihm Moses mit der Bitte in den Ohren, sein Volk endlich aus der Sklaverei zu entlassen. Ein ums andere Mal hatte ihm der Pharao die Erfüllung der Bitte verweigert, und jedesmal wurde sein Volk dafür bestraft. Gott überzog das Land mit den schlimmsten Plagen. Er verwandelte alles Wasser Ägyptens zu Blut, er ließ Heuschrecken und Frösche einfallen, schickte die Viehpest und die Blattern, Unwetter verdarben die Ernte. Doch der Pharao blieb hart, er ließ das Volk Israel nicht ziehen. Er verhängte den Bann über Moses.

Tat er das zurecht? Aus seiner Sicht der Dinge wohl. Aber hätte er nicht einsichtig sein können, zumindest nach den ersten zwei Plagen? Der Zusammenhang zwischen seiner Weigerung, die Juden ziehen zu lassen, und der prompten Antwort in Form der Plagen war doch

offensichtlich. Warum mußte erst die zehnte Plage, die Tötung der Erstgeburt in jeder ägyptischen Familie verhängt werden, damit er Moses ziehen ließ?
Ich denke, daß es für den Pharao zunächst um einen Machtkampf und eine Frage des Prestiges ging. Er jedenfalls handelte nach dem Motto, daß nicht sein kann, was nicht sein darf. Und es konnte nicht angehen, daß ein Vertreter der Sklaven den Pharao aufforderte, sein Volk ziehen zu lassen; Moses verstieß schlichtweg gegen die Grenzen zwischen Herren und Sklaven. Der Pharao seinerseits war uneinsichtig. Seine Ignoranz steigerte sich mit jeder neuen Plage.
Entscheidend aber ist: Der Pharao verwechselte Ursache und Wirkung. Nicht Moses ist der Urheber der Plagen, auch nicht Gott, sondern der Pharao ist es selbst. Seine Weigerung bestimmt die

Zahl der Plagen. Sein Beschluß, daß Moses ihm nicht mehr unter die Augen kommen soll, ist nichts als ein Akt der Hilflosigkeit. Vielleicht steht dahinter der Gedanke, wenn er Moses nicht mehr sähe, träten die damit verbundenen Probleme auch nicht mehr in Erscheinung. Letztlich verhält sich der Pharao wie ein kleines Kind, das glaubt, wenn es sich die Augen zuhält, könne man es nicht mehr sehen, weil es selbst nichts mehr sieht.

Der Bann, den wir mit diesen Worten aussprechen, kann uns durchaus selbst zum Fluch werden.

## GLAUBEN

Der Glaube ist ein unfaßbares Phänomen. All unser Wissen, unsere Forschung, unsere Wissenschaft haben den Glauben nicht besiegen können. Wie oft haben die Menschen im Laufe ihres Daseins ihr Weltbild ändern müssen.

Sie mußten lernen, daß die Welt keine Scheibe, sondern eine Kugel ist. Sie mußten lernen, daß sich die Sonne nicht um die Erde dreht, sondern umgekehrt. Sie mußten lernen, daß die Erde nur ein Krümel in einem Raum und nicht sein Zentrum ist. Sie werden vielleicht eines Tages lernen müssen, daß sie nicht die einzigen intelligenten Lebewesen in diesem Universum sind.

Wir Menschen mußten unser Denken mit zunehmendem Wissen mehr als einmal radikal ändern, und wir sind noch an keine Grenze gestoßen, an der wir sagen konnten, hier nun ist die absolute Wahrheit gefunden. Solange wir diese Grenze nicht erreichen, können wir auf den Glauben kaum verzichten. Und ich hoffe, daß wir niemals an diese Grenze stoßen, vielleicht verlieren wir dort den Sinn unseres Lebens.

## Der Glaube versetzt Berge

Wollen wir etwas schaffen, etwas bewirken, so ist die wichtigste Voraussetzung, daß wir an die Richtigkeit unseres Tuns glauben, es nicht mit halbem Herzen anpacken, sondern mit ganzer Kraft. Viele Vorhaben scheitern allein daran, daß man im Innersten nicht von ihnen überzeugt ist, sie mit einem gewissen, oft uneingestandenen Widerwillen beginnt.

Der Glaube an die Richtigkeit einer Sache kann wie der Glaube an Gott magische Kräfte entwickeln. Er läßt uns nicht zurückschrecken vor großen Aufgaben, er gibt uns die Kraft, Rückschläge wegzustecken, er gibt uns die Kraft, noch einmal von vorne zu beginnen, wenn wir gescheitert sind. Und er läßt uns letztlich Großes gelingen.

Paulus verwendet dieses Bild im Hohelied der Liebe, 1. Korinther 13, 2. Er macht allerdings eine wesentliche Einschränkung. Es heißt dort:

*„Und wenn ich prophetisch reden könnte und wüßte alle Geheimnisse und alle Erkenntnis und hätte allen Glauben, so daß ich Berge versetzen könnte, und hätte die Liebe nicht, so wäre ich nichts.“*

Der Glaube ist eine wichtige Voraussetzung für alles Tun, aber er ist nicht das letzte Maß. Denn wenn unsere Vorhaben wohl vom Glauben, aber nicht von der Liebe zu unseren Nächsten, zu Gott getragen sind, wird selbst das Versetzen höchster Berge sich als sinnloses Unterfangen herausstellen, gleich ob es gelingt oder nicht.

Was wir auch unternehmen, wir sollten es stets mit dem Gedanken der Nächstenliebe tun; nicht allein danach fragen, was unser Handeln uns einbringt, sondern auch, was es anderen Menschen bringt. Und wir sollten achtgeben, daß wir mit unseren abgetragenen Bergen anderen nicht Steine in den Weg legen.

## Suchet, so werdet ihr finden

*„Bittet, so wir euch gegeben; suchet, so werdet ihr finden; klopfet an, so wird euch aufgetan."* (Matthäus 7,7)

Das sagen wir heute nur, wenn wir etwas verlegt oder verloren haben und hektisch danach suchen. Viele Menschen kennen das Gefühl. Da hat man eben noch etwas in Händen gehalten, einen Schlüssel vielleicht, und nun ist es spurlos verschwunden. Es ist fast wie eine Gedächtnisverlust. Man ist sicher zu wissen, wo man es hingetan hat, aber man kann es partout nicht aus dem Gedächtnis hervorholen. Und meist findet es sich erst dann an, wenn man die Suche danach schon aufgegeben hat, es fällt uns wieder wie zufällig in die Hände.
Jesus gebraucht diesen Satz in seiner

Bergpredigt, als er von der Gebetserhörung spricht. Dieses ist ein wichtiger Satz.

Gott begleitet zwar all unsere Wege, aber es liegt an uns, ob wir von seiner Hilfe Gebrauch machen wollen. Bittet, suchet, klopfet an – wir müssen unseren Weg zu Gott finden, nicht umgekehrt. Denn Gott ist von Anfang an bei uns, wir aber nicht bei ihm. Jesus gibt uns in diesen Sätzen Großes an die Hand. Gott wird sich uns nicht verweigern, wenn wir ihn bitten, unser Gebet an ihn richten, seinem Willen folgen.

Und doch dürfen wie nicht die Erwartung hegen, daß er sich uns wie auf Bestellung zeigen wird. Gott denkt anders; er ist wie der Schlüssel, den wir verlegt haben. Er zeigt sich uns oft erst, wenn wir es am wenigsten erwarten.

## Auf Sand gebaut

Der Drang des Menschen nach Sicherheit ist groß. Wir wollen unser Leben so solide wie möglich einrichten. Unsere Geschäfte sollen wasserdicht, der Beruf krisensicher sein. Gegen alle möglichen Katastrophen können wir uns versichern, wohl ahnend, daß meist der Fall eintritt, gegen den wir uns nicht versichert haben. Das Auto hat zwei Airbags und Seitenaufprallschutz, die Wohnungstür ist mit vier Schlössern gesichert. Wir denken über den Kauf einer Alarmanlage nach. Was bleibt, ist „Restrisiko".

Manchmal glaube ich, daß die Menschen am liebsten auch ihr Seelenheil versichern würden. Und Ansätze dafür hat es ja auch gegeben, denken wir nur an den Ablaßhandel der Kirche zu Zeiten Luthers, als man die Menschen glauben machen wollte, daß sie sich von ihren Sünden freikaufen könnten.

*„Und wer diese meine Rede hört und tut sie nicht, der gleicht einem törichten Mann, der sein Haus auf Sand baute. Als nun ein Platzregen fiel und die Wasser kamen und die Winde wehten und stießen an das Haus, da fiel es ein, und sein Fall war groß.“* (Matthäus 7,26–27)

Jesus spricht in der Bergpredigt klare Worte, gerade auch in diesem Bild vom Hausbau. Wenn überhaupt, so gibt es für das Seelenheil nur eine Versicherung. Sie läßt sich nicht mit Geld erkaufen, sondern nur mit einem Denken und Handeln, das sich den Grundsätzen der Bergpredigt verbunden weiß. Wer nach diesen Grundsätzen lebt, der weiß sich nicht nur in Einklang mit sich selbst, sondern wird auch in Gott ruhen, sein inneres Haus auf Stein gebaut haben.

Es ist doch so, daß von besonders gläubigen Menschen, die mit sich selbst in Einklang leben, eine bemerkenswerte Ausstrahlung ausgeht. Sie brauchen weder etwas Besonderes geleistet zu haben, noch müssen sie ein übermäßiges Charisma besitzen. Ihre Ausstrahlung liegt allein in ihrer Ruhe, in ihrer Zufriedenheit.

Ein solcher Mensch war eine mir bekannte Ordensschwester in Berlin. Sie betreute todkranke Menschen im Krankenhaus, nicht medizinisch, sondern seelsorgerisch. Sie nahm an jedem Schicksal teil, absolvierte diese Aufgabe, diese Berufung nicht mit Routine, sondern mit ihrem ganzen Herzen, erfüllte, soweit es irgendwie in ihrer Macht stand, die letzten Wünsche der Sterbenden. Sie tat dies mit großem Engagement und mit ebenso großer Gelassenheit, daß man sich nur fragen konnte, woher sie bei all dem Elend, das sie sah, die Kraft nahm, für jeden Menschen ein Lächeln übrig zu haben. Vielleicht besaß sie nicht eine einzige Versicherungspolice.

## Der Tanz um das Goldene Kalb

*„Da riß alles Volk sich die goldenen Ohrringe von den Ohren und brachte sie zu Aaron. Und er nahm sie von ihren Händen und bildete das Gold in einer Form und machte ein gegossenes Kalb.“*
(2. Mose 32,3–4)
Das geschah, als Moses auf dem Berg Sinai war, um dort von Gott die Tafeln mit den Zehn Geboten zu empfangen. Weil er lange fortblieb, befürchteten die Juden, daß Moses und ihr Gott nicht wieder erscheinen würden. So beauftragten sie Aaron, ihnen einen neuen Gott zu schaffen, einen Götzen, um den sie herumtanzen konnten, der sie ins gelobte Land führen sollte.
Es gibt sie noch, die Goldenen Kälber. Gut, es sind keine Statuen mehr, aber von modernen Ikonen können wir schon sprechen. Die Kälber haben hinzuge-

lernt, haben sich getarnt, wirken subtiler. Sie stehen nicht mehr golden vor uns, doch gleichwohl blendend als Glitzerwelt und Budenzauber, gerüstet mit Verführungskräften wie vor Tausenden von Jahren, wenn auch in neuem, modernerem Gewand.
Eines dieser Kälber heißt Geld, ein anderes Schönheit und Jugend, ein drittes Geschwindigkeit, ein viertes Heldenverehrung und Fanatismus. Und wie damals sind sie vergänglicher Tand. Ganze Branchen leben von der menschlichen Sehnsucht nach neuen Ikonen, denn die alten verlieren allzuschnell ihren Glanz. Es ist nicht nur *ein* Kalb, um das wir heute tanzen, sie umgeben uns längst herdenweise, so daß wir manchmal nicht mehr wissen, zu welcher Seite wir unseren Kotau zuerst machen sollen. Unauffällig verkehrte Welt, in der das Kalb zum Hirten wird.

## Diener zweier Herren

Wenn wir von jemandem sagen, daß er zwei Herren dient, so meinen wir damit, daß er ein doppeltes Spiel treibt um des eigenen Vorteils willen; deutlicher gesagt, es handelt sich um einen Verräter. Das Ein-Herren-Prinzip spielt in unserer Gesellschaft eine wichtige Rolle. Kein Arbeitgeber akzeptiert es, wenn man eine zweite Beschäftigung bei der Konkurrenz hat, die Parteien bestehen darauf, daß man nicht auch Mitglied in einer anderen Partei ist usw. Jesus hat diese Wendung in der Bergpredigt gebraucht. Er stellt hiermit das Verhältnis zwischen weltlicher Macht in Form des Geldes und himmlischer Macht klar.
*„Niemand kann zwei Herren dienen: entweder er wird den einen hassen und den anderen lieben, oder er wird an dem einen hängen und den anderen*

*verachten. Ihr könnt nicht Gott dienen und dem Mammon.“* (Matthäus 6,24)
Ich habe im letzten Kapitel vom Geld als Goldenem Kalb gesprochen. Auch Jesus spricht hier eigentlich vom Geld als einem Ersatzgott, einem Götzen, der neben Gott aber keinen Platz hat. Nun ist Geld wichtig für uns. Das zu leugnen, wäre einfach nur blauäugig. Schwierig wird unser Verhältnis zum Geld in zwei Fällen: Erstens wenn wir keines haben; zweitens wenn wir zuviel davon haben und den Hals nicht voll bekommen können.
In beiden Fällen wird das Geld unser Denken beherrschen. Im ersten aus nachvollziehbaren Gründen, denn hier ist die Geldfrage einzig eine Überlebensfrage.
Anders im zweiten Fall: Hier wird Geld tatsächlich zu einer Ersatzreligion, zu einem sinnstiftenden Moment im Leben

eines Menschen. Unter den Geldjägern gibt es das Wort: „Wer am meisten hat, wenn er stirbt, hat gewonnen.“ Der Zynismus, der in diesen Worten liegt, klingt nur im ersten Moment lustig, doch er zeugt vor allem von einer vielen Zynikern eigenen präzisen Schärfe des Verstandes. Legt er doch deutlich dar, daß die Geldjäger um die Sinnlosigkeit ihrer Jagd wissen: Die Beute triumphiert im Tod über den Jäger.

## Durch Mark und Bein

Jeder kennt das Gefühl, wenn ihm etwas durch Mark und Bein geht. Die Anlässe können sehr unterschiedlich sein. Eine Geschichte, die uns in Angst und Schrecken versetzt, ein markerschütternder Schrei, das Quietschen der Kreide auf der Tafel. Ein Frösteln durchzieht unseren Körper, Schauer laufen uns über den Rücken, wir bekommen eine Gänsehaut, selbst unser Mund zieht sich zusammen, als hätten wir einen großen Schluck reinen Zitronensaftes genommen.
Selten aber reden wir davon, daß uns Gottes Wort durch Mark und Bein geht, weder bei der Bibellektüre noch im Gottesdienst. Aber genauso war diese Wendung einmal gemeint.
*„Denn das Wort Gottes ist lebendig und kräftig und schärfer als jedes zwei-*

*schneidige Schwert, und dringt durch, bis es scheidet Seele und Geist, auch Mark und Bein, und ist ein Richter der Gedanken und Sinne des Herzens."*
Diese Worte kann man im Brief an die Hebräer 4,12 nachlesen.
Berührt uns Gottes Wort heute noch so, daß es uns durch Mark und Bein geht? Ich weiß es nicht, jedenfalls, wenn es mich berührt, dann verbinde ich diese Berührung nicht mit den oben genannten Empfindungen. Es ist etwas anderes.
Wenn ich etwa das Hohelied der Liebe bei Paulus lese, dann gibt es Tage, da berührt es mich zutiefst. Es ist abzusehen, daß mir ein wohliger Schauer über den Rücken laufen wird, daß sich in meinem Bauch ein Glücksgefühl breit macht, das ich ansonsten nur habe, wenn ich weiß, daß jemand mich erkannt hat, daß ich vielleicht doch

durchschaut bin bis auf die Knochen. Bei Menschen frage ich mich in solchen Momenten, woher derjenige das von mir weiß? Trägt er die gleichen Empfindungen mit sich, oder ist er nur ein guter Psychologe?
Vielleicht sollte ich mich aber auch einmal fragen, woher die Bibel etwas von mir weiß.

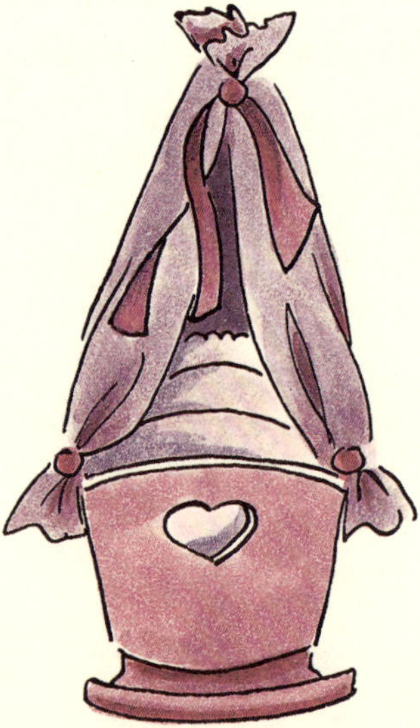

# OBHUT

Glücklich ist, wer Obhut erleben darf, es wird ihm dann ein leichtes sein, sie anderen zu gewähren. Wir lernen die Obhut früh kennen, schon im Bauch der Mutter. Wir sind beschützt, wir werden warm gehalten, wir werden genährt. Die Obhut ist der Pfeiler einer glücklichen Kindheit, mehr noch eines glücklichen Lebens. Jeder Mensch sehnt sich nach dem Gefühl, irgendwo hinzugehören, sich zugehörig zu fühlen, auch behütet zu werden. Diese Sehnsucht legt er niemals ab. Sie gehört zu unseren Grundbedürfnissen. Es sind die Menschen, die uns fangen, wenn wir fallen, die uns stützen, wenn wir wanken. Die Obhut ist wie die Liebe ein Gefühl der Gegenseitigkeit, sie braucht den anderen, ist ein Spiel von Geben und Nehmen. Sie läßt sich nicht einklagen, sie läßt sich nur leben.

## Jemanden wie seinen Augapfel behüten

Den meisten Menschen gilt das Augenlicht als ihr wichtigstes Sinnesorgan, allein die Vorstellung seines Verlustes ist ihnen ein Schrecken. Etwas wie seinen Augapfel behüten heißt, einem Menschen besondere Achtung zukommen zu lassen. Mehr noch: Nehmen wir diese Redewendung ernst, so bedeutet sie, daß wir diesen Menschen quasi als einen Teil von uns selbst betrachten. Was ihm widerfährt, das widerfährt uns. Größer kann der Schutz, den wir einem Menschen anbieten, nicht sein.
*„Er fand ihn in der Wüste, in der dürren Einöde sah er ihn. Er umfing ihn und hatte acht auf ihn. Er behütete ihn wie seinen Augapfel.“* (5. Buch Mose 32,10)
Moses redet hier von Jakob als pars pro toto für das Volk Israel. Gott rettete das

Volk Israel aus größter Not. Er sorgte dafür, daß seine Felder reiche Frucht trugen, das Vieh fett wurde und alles im Überfluß vorhanden war. Der Überfluß aber zeigte bald üble Begleiterscheinungen.
Als das Volk satt war, vergaß es ganz schnell, wem es seinen Wohlstand zu verdanken hatte. Es begann Götzen anzubeten und ihnen die Opfer darzubringen, die allein dem Gott Israels zustanden. Gott bestrafte das Volk für diese Mißachtung.
Die Lehren, die wir daraus ziehen können, sind einfach. Wenn ich mich heute in den Gottesdiensten umschaue, so sehe ich oft mehr leere Plätze als Menschen. In der Not scheint das Bedürfnis nach Gottes Hand, nach dem Gebet größer zu sein, als in Zeiten, da es den Menschen gut geht. Sind wir auch auf dem Weg des alten Israel, vergessen

auch wir Gott zunehmend? Aber wir müssen gar nicht unser Verhältnis zu Gott bemühen, um aus den Versen Mose, aus seinen Mahnungen zu lernen.

Was hier steht, spricht eine deutliche Sprache. Wir sollten uns von denen, die uns in der Not Gutes tun, nicht abwenden, wenn die Not überwunden ist. Vielmehr sollten wir uns dankbar zeigen. Es ist meist nicht nötig, große Opfer zu bringen, jemanden mit Geschenken zu überhäufen. Es reicht so oft ein gutes Wort, ein offenes Ohr für seine Sorgen. Wir geben ihm damit vielleicht nur das zurück, was er uns einst ohne große Fragen und wie selbstverständlich gegeben hat, seinen Schutz, seine Obhut. Wir begleichen damit keine Schuld, sondern zeigen uns nur als Menschen, die Wohltaten nicht vergessen.

## Jemanden unter seine Fittiche nehmen

*„Laß mich wohnen in deinem Zelte ewiglich und Zuflucht haben unter deinen Fittichen."* (Psalm 61,5)
*„Er wird dich mit seinen Fittichen decken, und Zuflucht wirst du haben unter seinen Flügeln."* (Psalm 91,4)

Unter jemandes Fittichen zu sein, ist ein gutes Gefühl. Sie sind ein Ort der Wärme, der Geborgenheit, des Vertrauens.
Nicht umsonst findet sich dieses Bild in den Psalmen. Wir sehnen uns nach einer Geborgenheit, die immer da ist, von der wir wissen, daß sie bleibt.
Eine Umgebung von Menschen, die zuhören, die sich Mühe geben zu verstehen, die verzeihen, die vertrauen und denen man vertrauen kann. Und

wie es ein gutes Gefühl ist, unter eines anderen Fittichen zu sein, so ist es ebenso schön, anderen Menschen diese Geborgenheit, diese Nestwärme zu geben, etwa den Kindern, dem Partner, den Freunden, den Nachbarn. Es ist eine Sehnsucht, die uns angeboren ist, der Mensch ist kein Einzelgänger. Aber wir müssen uns auch eingestehen, daß die Wärme, die Menschen uns geben, manchmal nicht reicht.

So kann man sich durchaus vor schweren Entscheidungen den Rat vertrauenswürdiger Menschen einholen, aber wenn es darum geht, eine solche Entscheidung zu treffen, sind wir doch allein. Denn wir übernehmen nun eine Verantwortung, die wir allein zu tragen haben.

Und doch – so ganz allein sind wir nicht. Der Psalmist weiß das, er vertraut darauf, daß abseits aller menschlichen Geborgenheit eine höhere Geborgenheit existiert, die die Last, die kein anderer Mensch mit ihm zu teilen in der Lage ist, mit ihm trägt. So ist das intensive Gebet eine hohe Form der Meditation. Man stellt sich selbst auf den Prüfstand, öffnet Gott sein Herz, wägt vor ihm ab und kann sich darauf verlassen, daß die Entscheidung, die man treffen muß, vielleicht schwer, aber keineswegs leichtfertig sein wird. Die höchste Form der Geborgenheit.

## NEBENBEI BEMERKT

### Hochmut kommt vor dem Fall

*„Wer zugrunde gehen soll, der wird zuvor stolz; und Hochmut kommt vor dem Fall.“* (Sprüche 16,18)

Es gibt Zeiten, da gelingt uns scheinbar alles. Im Beruf haben wir Erfolg, in der Familie läuft alles bestens, und wir blicken voller Stolz auf das, was wir geleistet und erreicht haben. Wir haben etwas aus unserem Leben gemacht.
Aber wir sollten uns davor hüten, übermütig oder gar hochmütig zu werden. Wir sollten nicht auf jene hinabblicken, die es nicht so weit wie wir gebracht haben. Hochmut macht leichtsinnig, er macht großmäulig, er verstellt uns den Blick auf die eigene Herkunft, auf die Vergangenheit, darauf, daß nichts von

bleibendem Wert ist, daß uns all das, worauf wir heute so stolz sind, morgen schon wieder entzogen werden kann. Das angemessenere Verhalten bestünde wohl aus Demut, Dankbarkeit und Bescheidenheit. Der Obdachlose dort unten an der Ecke, der hatte vielleicht noch vor Jahrsfrist ein Dach über dem Kopf, eine Familie; heute schläft er im Asyl. Der Obdachlose dort unten an der Ecke, der könnte in Jahresfrist ich sein.

## Von Pontius zu Pilatus

Wir besuchen eine Behörde. Es geht um ein einfaches Formular. Wir werden von einem Büro in das nächste geschickt, von dort aus in ein drittes, wo wir erklärt bekommen, daß wir ein Formular zur Beantragung eines Formulars brauchen. Damit gehen wir dann zurück zum ersten Büro, wo man allerdings gerade zu Tisch ist. Als die Tischzeit vorüber ist, schickt man uns in das zweite Büro, um das Formular abstempeln zu lassen; jetzt ist dort gerade Tischzeit. Als wir den Stempel haben und uns erneut in die Schlange vor dem ersten Büro einordnen, ist das Büro für Publikumsverkehr geschlossen. Wir sind von Pontius zu Pilatus gerannt, aber bewirkt haben wir eigentlich nichts, sieht man einmal von einem abstempelten Formular zur Beantragung eines Formulars ab.

Jesus war in einer ähnlichen, gleichwohl prekäreren Situation (Matthäus-Evangelium 23).
Man hatte ihn gefangengesetzt, und es sollte ihm eigentlich der Prozeß gemacht werden, man klagte ihn des Aufruhrs an. Als man ihn aber vor Pontius Pilatus brachte, fühlte sich dieser für Jesus nicht zuständig, schließlich war er jüdischer Bürger und unterstand deshalb der Gerichtsbarkeit des Herodes. Also überantwortete er den Fall dorthin. Herodes aber befand, daß er mit Jesus Christus auch nichts zu schaffen habe und verwies ihn zurück an Pilatus. Keiner der beiden fühlte sich für Gottes Sohn zuständig, mehr noch, es ging ja wohl darum, daß sie sich nicht die Hände schmutzig machen wollten; Jesus war ein unangenehmer Fall, denn die Klagen, die man gegen ihn führte, entbehrten jeder Grundlage.

Man hätte eigentlich alles auf sich beruhen lassen können, aber Pilatus beugte sich dem Pöbel, der die Kreuzigung Jesu verlangte. Aus juristischer Sicht könnte man sagen, daß Jesus gestorben ist, weil sich zwei Männer in Kompetenzstreitigkeiten ergangen haben; anstatt das Recht durchzusetzen, ließen sie es zur Lynchjustiz verkommen.

## Bleibe im Lande und nähre dich redlich

*„Hoffe auf den Herrn und tu Gutes, bleibe im Lande und nähre dich redlich.“* (Psalm 37,3)

Dieser Spruch ist eng verwandt mit der Aufforderung: Schuster, bleib bei deinem Leisten.
Es geht nicht wirklich darum, im Lande zu bleiben. Das Wort ist wohl so zu verstehen, daß man sich hüten soll, trügerischen Idealen hinterherzulaufen, daß man mit beiden Beinen auf dem Boden bleibt, daß man nicht übermütig und gierig wird, daß man nicht nach dem Besitz anderer trachtet oder der schnellen Mark hinterherhechelt.
Zu allen Zeiten gab es solche falschen Ideale, meist versprachen sie ungeahntes Glück, Reichtum, Macht.

Damit falsche Ideale Erfolg haben, braucht es immer zwei Parteien, diejenigen, die diese Ideale predigen und jene, die ihnen gutgläubig, wenn nicht blindlings hinterherlaufen. Und oft werden jene zu Opfern dieser trügerischen Glücksversprechen und ihrer scheinheiligen Priester, die zu gutgläubig sind, die an das Gute im Menschen glauben und sich nicht vorstellen können, wieviel Böses es auf der Welt gibt. Stets ist Mißtrauen angezeigt, wenn uns jemand schnell glücklich machen will.

## In Sack und Asche gehen

*„Als Mordechai alles erfuhr, was geschehen war, zerriß er seine Kleider und legte den Sack an und tat Asche aufs Haupt und ging hinaus mitten in die Stadt und schrie laut klagend.“*
(Ester 4,1)

In Sack und Asche gehen, ist einerseits ein Zeichen der Trauer, andererseits ein Zeichen der Buße. Es lebt in unserer Tradition, im Trauerfall dunkle Kleidung anzulegen, fort. Wir legen für eine Zeit unsere Pracht ab, beschränken uns auf das Wesentliche, befreien uns vom weltlichen Schmuck. In Sack und Asche gehen heißt, das Büßerhemd zu tragen. Beide Motive, das der Trauer wie der Buße, finden in der Bestattung eines Menschen zusammen. Denn sein Tod gemahnt uns stets unserer eigenen Vergänglichkeit, es zeigt uns, daß unsere Zeit begrenzt ist und wir geboren sind, um Prinzipien zu folgen, die wir durch Jesus erfahren haben.

## Nicht von gestern

Der ist nicht von gestern – das sagen wir, wenn sich jemand auf der Höhe der Zeit befindet, der weiß, wo es lang geht. Umgekehrt bedeutet diese Wendung, daß jemand an überalterten Vorstellungen festhält, keinen Sinn für das Neue hat, ein Gestriger ist. In der Bibel ist diese Wendung in einem etwas anderen Sinn zu verstehen. Gerade wer von gestern ist, der wird als jung betrachtet, als Frischling gewissermaßen, als unerfahren und mit den Dingen des Lebens nicht vertraut. Bei Hiob 8,8–9 heißt es: *„Denn frage die früheren Geschlechter und merke auf das, was ihre Väter erforscht haben, denn wir sind von gestern und wissen nichts; unsere Tage sind ein Schatten auf Erden.“*
Bemerkenswert ist, daß hier ausdrücklich darauf hingewiesen wird, daß man

eigentlich nach Vorgestern schauen soll, daß man die Erfahrungen der Vorfahren nicht gering achtet, sondern sie als einen Schatz betrachtet, als einen Hort aus Wissen und Erkenntnis. Im Sinne der Bibel heißt es, daß nicht derjenige von gestern ist, der aus einem großen Fundus überlieferter Erfahrungen schöpft, sondern derjenige, der nur das Allerneueste kennt, der arm an Erfahrung ist, der gewissermaßen vergangenheitslos, nur der Gegenwart verpflichtet lebt.

## Vom Scheitel bis zur Sohle

Wir benutzen diese Redewendung, wenn wir einen Menschen als ganze Person meinen, also nicht nur seiner äußeren Erscheinung Beachtung schenken, sondern auch seiner inneren Einstellung. So sagen wir etwa: „Sie ist eine Dame vom Scheitel bis zur Sohle." Wir kämen aber kaum auf die Idee zu sagen: „Er ist ein Lügner vom Scheitel bis zur Sohle."

Wir verwenden diese Worte meist, um einen Menschen positiv auszuzeichnen. Ursprünglich finden wir dieses Wort aber in einem negativen Zusammenhang. Im 5. Buch Mose 28,35 heißt es:

*„Der Herr wird dich schlagen mit bösen Geschwüren an den Knien und Waden, daß du nicht geheilt werden kannst von den Fußsohlen bis zum Scheitel."*

# Nachwort

Ich breche hier ab. Dieses Buch erhebt keinen Anspruch auf Vollständigkeit. Weitere Sprüche und Redewendungen gibt es in der Bibel „wie Sand am Meer“. Um sie zu finden, müßte ich nicht einmal „über den Jordan gehen“, sondern könnte „sicher wie in Abrahams Schoß“ zu Hause sitzen und mir „die Leviten lesen lassen“. Aber wer weiß? Vielleicht folgt, wenn diese Texte „Gnade finden unter den Augen“ meiner Leser, irgendwann eine Fortsetzung. Denn das weiß ich: „Des vielen Büchermachens ist kein Ende.“

DIE BIBEL
Lebenshilfe
ERFOLGREICH SEIN
10 Schritte
Ps
CHOLOGUE
100 TIPS
RATGEBER

## Der Autor

Axel Stellmann, geboren 1955 in Bremerhaven. Studium der Publizistik, Politik und Germanistik in Berlin. Seit 1984 freier Mitarbeiter bei Hörfunk und Fernsehen. Später PR-Beauftragter bei Wohlfahrtsverbänden. Lebt seit 1994 als freier Autor in Bremerhaven.

## Die Illustratorin

Britta Meins, geboren 1971, arbeitet seit mehreren Jahren als freiberufliche Illustratorin und ist Studentin an der Fachhochschule für Gestaltung Hamburg, Fachbereich Illustration.